乡村振兴背景下农村电子商务发展研究

张海波◎著

吉林出版集团股份有限公司
全国百佳图书出版单位

图书在版编目（CIP）数据

乡村振兴背景下农村电子商务发展研究 / 张海波著 . --
长春 : 吉林出版集团股份有限公司 , 2022.8

ISBN 978-7-5731-2101-1

Ⅰ . ①乡… Ⅱ . ①张… Ⅲ . ①农村–电子商务–研究–
中国 Ⅳ . ① F724.6

中国版本图书馆 CIP 数据核字 (2022) 第 160600 号

乡村振兴背景下农村电子商务发展研究

XIANGCUN ZHENXING BEIJING XIA NONGCUN DIANZI SHANGWU FAZHAN YANJIU

著　　者　张海波
责任编辑　沈　航
封面设计　李　伟
开　　本　710mm × 1000mm　　1/16
字　　数　211 千
印　　张　13
版　　次　2023 年 1 月第 1 版
印　　次　2023 年 1 月第 1 次印刷
印　　刷　天津和萱印刷有限公司

出　　版　吉林出版集团股份有限公司
发　　行　吉林出版集团股份有限公司
地　　址　吉林省长春市福祉大路 5788 号
邮　　编　130000
电　　话　0431-81629968
邮　　箱　11915286@qq.com
书　　号　ISBN 978-7-5731-2101-1
定　　价　78.00 元

前　言

乡村振兴事关我国社会主义现代化的质量。在实施乡村振兴战略方面，我国以全局思维进行统筹谋划，科学布局，主要从五个角度入手：推动乡村产业振兴、推动乡村人才振兴、推动乡村文化振兴、推动乡村生态振兴、推动乡村组织振兴。在乡村振兴的几大领域中，产业振兴是重中之重。如何抓好产业振兴，目前全国各地都在积极探索。从当下来看，依托当地的优势、特色农业产业，结合农旅、文旅，将第一、二、三产业融合发展，是乡村振兴的重要抓手。我国庞大的消费市场和高速发展的线上经济，有效地建立了乡村与城市的联系纽带，极大地带动了农业农村的商流、物流、资金流、信息流等。电子商务能够推动农业供给侧结构性改革，构建现代化农业生产体系、流通体系、经营体系，使乡村的特色产品能够方便、快捷地进入城市。

本书第一章为绪论，分别为电子商务概述、农村电子商务概述和乡村振兴战略概述三个方面内容；第二章为乡村振兴背景下农村电子商务的发展模式，主要介绍了三个方面的内容，依次是农村电子商务发展模式概述、乡村振兴背景下农村电子商务发展模式的优化、乡村振兴背景下农村电子商务的人才培养路径；第三章为乡村振兴背景下乡村旅游与电子商务的融合发展，分别介绍了三个方面的内容，依次是乡村旅游的发展现状、乡村旅游与电子商务融合发展存在的问题、乡村振兴背景下乡村旅游与电子商务融合发展的策略；第四章为乡村振兴背景下农村电子商务助农发展路径，依次介绍了农村电子商务助农概述、乡村振兴背景下农村电子商务助农的现状、乡村振兴背景下农村电子商务助农的对策三个方面的内容；第五章为乡村振兴背景下农村电子商务的创新发展路径，主要介绍了三个方面的内容，分别是乡村振兴背景下农村电子商务的发展现状、乡村振兴背景下农村电子商务的优化策略、乡村振兴背景下农村电子商务的网络营销；第六章为乡村振兴背景下农村电子商务服务体系的优化，分别介绍了乡村振兴背景下农村电子商务基础设施的完善、乡村振兴背景下农村电子商务物流的完善、乡村振兴背景下农村互联网金融的发展三个方面的内容。

在撰写本书的过程中，作者参考了大量文献，并得到了很多单位、学者的帮助和指导，在此，向相关单位、学者表示诚挚的感谢！

由于作者水平所限，若书中有疏漏之处，恳请读者朋友们予以指正。

张海波

2022 年 3 月

目 录

第一章　绪论

电子商务与农业的融合将加快乡村振兴的步伐。本章共三节，分别为电子商务概述、农村电子商务概述和乡村振兴战略概述，让读者对电子商务、农村电子商务和乡村振兴战略有清晰的认识。

第一节　电子商务概述

一、电子商务的背景

电子商务并不是一个新兴的事物，但直到近年来才被人们所接受，因为早在1837年电报出现的时候，人们就已经开始慢慢了解这一方式，并通过电子商务的模式做生意。

当然，那个时候没有人想到这种交易的模式就是电子商务，也没有人对电子商务的概念进行界定，主要是因为那个时候电子商务的商业活动还没有被大多数人接受，支持电子商务交易发展的环境和条件在那个时候还没有完全形成。直到20世纪80年代，随着计算机和网络技术的逐步发展，日益复杂的网络计算环境为电子商务的生存和发展创造了条件，同时也在一定程度上标示电子商务将成为未来重要的商业发展模式。在这些信息的基础上，电子商务的概念产生了。

计算机网络的计算是电子商务产生和发展的先决条件，可以说，没有计算机网络的发展壮大，电子商务就无法产生。

电子商务的发展是多方面的，比如最初的电子通信设备，如电话、电报等，到如今的电子邮件，以及电子数据交换（EDI）的出现，这些内容都属于电子商务的范围。

电子商务的发展是不可阻挡的时代潮流。一方面，手工处理信息是传统商业发展的基础；另一方面，传统商业为了扩大发展的范围，主要通过纸上文本进行信息交流。

随着商业的发展和复杂化，信息量与日俱增，信息的处理对人们的计算能力提出了较大的挑战，因此，由于重复性工作和额外成本大幅增加，以及出错的可能性提升之外，人们迫切需要一种更方便和现代化的处理手段，以确保商业交易可以提高效率，尽可能快地进行。计算机技术的发展和普及带动了通信技术的进步和使用的频率，推动了电子数据交换、互联网等新的信息技术的发展，同时，世界逐渐进入自动化计算的新时代，这为电子商务的发展创造了条件。电子商务出现和发展的重要条件包括以下五点内容：

第一，经济全球化带来的影响。经济全球化是指世界经济在生产、分配和消费方面共同发展的趋势。

经济全球化的趋势对跨国企业的发展有着直接的促进作用，与之对应的国际商业活动也越来越多。因此，国际贸易在各国经济发展中发挥着越来越重要的作用。

经济全球化迫使人们不断寻找新的方法来适应国际贸易对商业活动的频繁影响，电子商务就是在这种趋势下出现的。

电子商务以其独特的优势，正在成为新一轮经济变革中不可忽视的中坚力量，在国际商务中发挥着重要的作用。

第二，计算机和网络技术不断发展，被大众所接受，并且得到实际的应用。经过几代人的努力，计算机的运行速度逐渐适应了时代发展的需要，而且引领着时代的发展，其计算能力不仅越来越强，价格也越来越被大众所接受，同时，计算机的普及范围也得到了扩展，这为电子商务的发展和应用提供了前提。

国际互联网的不断发展使其逐渐转变为一个全球性的交流和交易工具，世界互联网用户数量迅速增长，为发展快速、安全、平价的电子商务铺平了道路。

第三，信用卡和电子融资得到了广泛的使用。信用卡已经成为人们进行消费支付的重要手段，因为它具备方便、快捷、安全等优点。一方面，它建立了一个全球范围的信用卡计算机网络支付系统；另一方面，它建立了一个全球信用卡计算机网络结算系统。这使得人们只要有信用卡，就可以在世界各地旅行而不受到不同货币的约束。

同时，信用卡已经成为一个重要的工具，可用于电子商务的在线支付。许多银行都意识到了电子商务的巨大潜力，并逐渐推出了可用于支持网上交易的电子金融服务，商业技术安全方面的许多问题通过电子银行的发展得到解决，电子银行的发展也成为推动电子商务进一步发展的重要驱动力。

第四，电子安全交易协议（SET）的签订和安保科技的发展。

电子安全交易协议于 1997 年 5 月 31 日首次发布，是由维萨（VISA）和万事达（Master card）两大信用卡公司联合开发的协议，这一协议此后被大多数制造商认可和支持。电子安全交易协议为以互联网为通信渠道的电子商务创造了一个重要的可交易环境，这个环境的安全性能够得到一定程度的保障。计算机和网络安全技术的不断进步是电子商务不断扩大发展的基础和前提。这里所指的网络安全技术主要包括数据库技术、动态网络技术以及加密和防火墙技术。

第五，有关政府部门的支持和促进作用。自美国《全球电子商务纲要》公布以来，电子商务已在世界各国获得了广泛接受。

从那时起，许多国家就开始寻求“网上购物”这一方式，这一流行趋势在很大程度上促进了电子商务的迅速普及。各个国家积极发展电子商务，创造良好的生活环境，保证电子商务的合法性和长期发展，并制定一些法律规范和技术标准，使其成为电子商务的标准核心。

二、电子商务的概念

电子商务是指基于互联网的，面向全球、跨越时空、跨越地域的新商业贸易模式。

在高速发展的互联网、物联网技术和安全技术的背景下，基于浏览器 / 服务器（B/C）的应用方式，交易各方通过互联网进行各种商贸活动，在安全保护的前提下实现网络购物、网络销售、网络支付等各种商业交易或提供综合服务，如信息交流、资本流动、物流服务等。这是一种全新的商业运营方式，更加方便、新颖和安全。可以从以下四个方面理解电子商务的概念：

第一，电子商务是商务信息化的先决条件。

电子信息技术以计算机为工具，主要围绕人类智力的发展和获取一定知识能力等目的，对自然知识、社会、人文信息进行收集、存储、处理、分配和传输。

第二，电子商务是基于现代电子工具进行发展的。

现代电子工具既具备先进的技术，又有相对较低的成本；既有先进高效的功能，又相对安全可靠、易于使用。从系统的角度来看，地方、区域和宽带网络需要纵向和横向连接来创建一个安全、可靠、灵活和方便的系统，以支持微观、中观和宏观层面的商务活动。

第三，电子商务的开展要围绕人类的活动。

作为一个社会性的商务系统，电子商务必然是以人为本的。过去人们对电子商务的概念认定集中在电子工具及其电子装配线上，忽视了“人”这个主体所具有的知识和变化的技能的作用。只有人才能系统地使用电子工具的相关技能，所以电子商务专业人员必须掌握现代信息技术，并具备最新的商业技能。

第四，电子商务的交换基于信息的商品和服务的交换。

传统的商务活动主要指货物的实际交换。相比之下，电子商务活动首先在于将实物的商品虚拟化，以产生信息化虚拟商品；其次是对虚拟商品进行分类、存储、处理、传输等。

电子商务系统的组成部分主要包括以下六点：

（1）消费者（用户）。使用电子商务方式进行商品和服务消费的组织、个人或潜在的组织、个人。

（2）经营者（商家）。使用电子商务方式进行商品和服务销售的企业和个人。

（3）专业的认证机构。认证机构为了电子商务模式的开展而展开双方网上信息的认证，包括双方网上身份证书的认证、颁发和管理，通过信息认证来保障基于互联网的电子商务交易双方信息的真实性和准确性，以保障交易的正常开展，因此，认证机构不以营利为目的，是体现公平性、公正性的第三方服务性的非营利机构，也是电子商务系统中必不可少的重要机构。

（4）支付中心（支付机构）。支付中心和认证机构一样，也是属于第三方服务机构，服务的主要内容包括实现电子商务交易双方资金的往来和支付。

（5）物流配送中心。物流配送中心的主要作用是实现交易商品的物流运输，从经营者手中承接交易的商品，进行商品的集聚和发送，快速、便捷地将交易的商品安全地运送到消费者手中，同时，对商品进行严格安全的保障和跟踪，让消费者和商家可以即时和动态地监管商品的流向。

（6）电子商务服务机构。电子商务服务相关机构的主要作用是将相关服务外包给商家，为参与电子商务交易的双方提供专业的电子商务服务，重点是应用的服务和内容的服务。

三、电子商务的类型

（一）按服务对象分类

电子商务是一种包含许多交叉学科内容的经济活动。

交易者将互联网作为一种手段，通过多个环节和步骤，在几方互动和合作的基础上实现交易的目标。电子商务可以根据不同方面进行分类，如交易方、商品种类、使用的网络种类等。受到最广泛认可的分类方法是按交易的参与者进行分类，在这种分类的基础上，电子商务可以分为五个主要类型：B2C、B2B、C2C、B2G 和 C2G。

（1）B2C（企业对消费者）的电子商务模式。这种类型的电子商务主要是通过互联网开展的在线零售活动，企业（商家）直接向消费者销售商品或提供服务，两者以网络为载体进行电子化的交易。如天猫商城、亚马逊、当当等企业在互联网上建立网站形式的网上商店，利用互联网的双向交流通信功能，支持消费者进行网上购物。

B2C 电商模式解决了中间商的问题，也解决了交易时间和交易空间的问题，大大降低了交易的成本，也大大提高了交易效率，因而得到了人们的广泛接受，近年来发展极为迅速，已成为一种新的零售业业态。此外，在互联网上出售的商品更趋全面，从最早的书籍、音像制品到服装、化妆品、食品，甚至电器、汽车等，几乎包括了所有的消费品。

（2）企业对企业之间的电子商务模式（B2B）。B2B 电子商务是指以互联网为媒介进行的企业与企业之间的电子交易，主要以批发原材料或成品的内容来进行，因此也被称为批发电子商务。这类电子商务涉及所有传统或新兴企业的供应、生产和销售过程，交易量大，占电子商务交易的绝大多数，未来发展潜力和经济效益极为显著，是电子商务应用和推广的重点和难点。这种类型的电子商务系统具有强大的实时自动业务处理能力，使企业能够可靠、安全、轻松、快速地进行商务的沟通服务活动，最终顺利完成交易。

（3）消费者对消费者（C2C）。这种类型的电子商务是指个人和个人之间通过互联网进行的电子交易。其思想源于早期的"跳蚤市场"，也是从支持二手旧货的流通入手，后来快速发展为个人网上开店、经商的新模式与途径。如淘宝网、拍拍严选等第三方C2C平台网站，为个人经商提供了极大便利，任何人都可以"过把瘾"。此类电子商务经营门槛低，吸引了更多的社会公众参与，成为许多人网上创业的方式，可谓是当前很"火"的电子商务。但这种形式不易对经营者进行监管，网上个人卖家的信用风险总体偏高，这是此类电子商务所存在的最大问题。

（4）企业对政府（B2G）的电子商务。这类电子商务主要是指政府和企业之间通过互联网进行商业交易，如政府提供的一些商业服务，包括税收、海关、商品质量检查、采购、市场监督、商业管理等。一方面，政府的宏观调控、监督和管理职能，以及企业服务问题的处理，可以以电子商务的形式更好地进行规范，或更方便地由企业来完成；另一方面，作为消费需求者，通过网络平台表达自己的需求，快速、高效、公平、公开地完成必要的采购和服务内容。

电子商务的典型网站包括中国政府采购网、中国电子口岸网、中国国际电子商务网等。

（5）消费者对政府的电子商务（C2G）。这种类型的电子商务是指政府和个人之间信息化的贸易和业务，现在这类电子商务的实施范围越来越广泛，特别是随着5G的发展，未来C2G的应用范围将会不断扩大。

在C2G平台上，所有提供给个人的政府服务都可以从一个地方提供，如个人数据的登记、户籍的管理，包括人口普查等功能，以及个人报税、社保功能等。随着我国社会经济的快速发展，个人的社会保障体系也会得到充分的完善，个人与政府之间的直接交易会越来越多，其他功能也可以在C2G平台上实现，电子商务模式在其功能的广度和深度上都会得到充分的发展。

（二）按地域分类

电子商务按地域分为以下三种：

（1）当地电子商务。当地的电子商务交易区域规模较小，电子商务的实施对于区域信息网络所提供的平台依赖比较严重。

本地的电子商务系统不仅是全国范围电子商务发展的重要保障，也是全球电子商务发展的有力支撑。

（2）远程国内电子商务。国内电子商务是指一个国家范围内的多种电子商务活动。鉴于其交易范围相对广泛，国内电子商务在软件、硬件和网络技术方面的要求是比较广泛的。

为了实现电子商务的要求，信息的交流和资金的支付都可以在全国范围内进行，货物的交付也可以在不同地点完成，这就对交易双方提出了一定的要求，除了要有一定的电子技术能力、商业知识外，还要有优秀的管理能力和治理水平。

（3）全球电子商务。全球电子商务是指在全世界范围内进行的商业活动，交易活动主要通过互联网平台进行，其中不仅包括国际支付的平台，还包括全球物流和其他系统平台。

全球电子商务一方面要求互联网上的电子商务系统具有足够的精度和安全性，并且要有一定的稳定性；另一方面，它的运作不仅要符合国际惯例，还要按照国际标准来运行。

（三）按交易形式分类

根据交易的类型，电子商务可以分为以下两种：

（1）间接电子商务。间接电子商务是在网上订购实体商品。通过向买方交付实物产品来实施间接电子商务，物流系统不同，交付的方式也不尽相同。一般来说，间接电子商务是通过第三方物流公司进行的，以确保产品的交付。

（2）直接电子商务。直接的电子商务活动提供无形的商品和服务。一般来说，有形商品的交易受物流配送的影响较大，而虚拟商品可以在各种时间和天气下传送给消费者，不受路程、天气等各种因素的影响。直接电子商务平台以虚拟的货物和计算机软件为基础，通过互联网进行订购、支付和交付。

四、电子商务的特性

（一）虚拟性

互联网技术是电子商务发展的基础，大部分交易过程都是在互联网上进行的，包括参与交易活动的双方签订购买合同和支付。商品供应商可以通过电子商务交易平台销售商品，而消费者可以使用通信工具与商品供应商及时进行网上交流，这样双方就可以在网上进行沟通并签订购买合同和付款。

电子商务是一种基于信息技术的业务，需要使用计算机网络技术来进行信息的交换和传递。因此，电子商务、计算机技术和信息技术的发展是密切相关的。

（二）便利性

电子商务并不限制买卖双方的时间和空间，还可以简化烦琐的交易过程，使交易更加方便，企业一方也可以对自身的服务进行完善和发展，同时供求的信息被很快上传到互联网。

电子商务中商品和资本的快速流动，以及所有部门的激烈竞争通过不断变化的信息为电子商务增加许多发展的动力。

（三）安全性

电子商务的安全问题是电子商务要着重注意的一个安全隐患，它要求电子商务交易双方确保交易的保密性，并使用加密的安全验证、防火墙的保护等方式。这也是电子商务和传统商业之间存在的不同。互联网作为一个虚拟的媒介，本质上是开放的。

电子商务是基于互联网的发展而发展的，所以电子商务的安全保证和互联网的开放程度是息息相关的。在电子商务活动中，网络运营商要为客户或者使用者提供安全的方案，以确保电子商务在进行过程中的安全，并确保交易双方的资产得到密码或者其他方式的保护。

（四）高效性

极高的效率是电子商务的一个关键特点。通过电子商务，买家和卖家可以更有效、更容易地进行交易。

信息交流的效率与商业竞争的成败相关。互联网的快速发展和普及使人与人之间的联系变得非常紧密，电子商务的发展也使买方和卖方之间的信息交流更加有效。然而，电子商务需要现代计算机和互联网技术的支持，技术和设备需要不断升级，因此企业需要改进技术和设备，提高效率，提升电子商务的功用，以期实现最后交易效率和利润的最大化。

（五）集成性

电子商务的特点是提高集成的功能，这主要体现在电子商务问题处理的标准化工作流程上。

电子商务整合了手工操作和电子信息处理的功能，从而使交易的处理遵守严格的规范。整个业务是一个由供应商、批发商、零售商和客户不断推进的过程。电子商务需要平台、服务商、消费者和政府部门之间的协调，以确保电子商务运作的顺利进行。电子商务活动的各个方面都需要各个主体之间不断沟通，例如，企业单位的每个部门和员工需要进行合作，企业和客户需要交流意见，企业和企业需要进行协调，企业和公共部门需要配合工作。还需要分销公司、电子商务技术部门、通信部门和金融机构之间进行合作，以提高效率。

（六）扩展性

电子商务是可以扩展的，其平台具有非常大的流量，每天一个平台有很多用户使用，大量的用户可以同时对同一产品进行查看。

随着电子商务的不断发展和用户数量的增加，电子商务平台也对后台的服务进行着改进，以期满足提高访问速度的要求，提高用户的满意率。为了保证电子商务的可靠，系统服务必须是可扩展的。在使用高峰期扩大系统规模可以帮助访问用户解决拥堵问题。在电商活动期间，即使是一分钟的拥堵也会损失大量的用户。

（七）服务性

电子商务扩大了市场的覆盖范围，从而能够吸引更多的用户。通过将互联网的数据与公司的数据库联系起来，企业可以获得访问其网站的用户数量、销售记录、用户的购买模式和浏览偏好等信息，这有助于提高其产品和服务的质量。有了这些信息，公司可以分析用户的需求，并为他们提供适合其需求的定制化服务。通过电子商务平台，企业可以直接与消费者联系，从而提高服务的水平。

电子商务的出现为消费者提供了更多的购物方案。在以往的商业模式中，消费者必须对相邻的一些商店的商品货比三家。而通过电子商务的模式，消费者可以在更大的购物范围内比较和选择他们需要的商品。消费者不仅要比较商品之间的价格，还要比较商品和商家提供服务的质量。因此，所提供的服务质量将对参与电子商务这一技术发展的公司未来的发展产生重大的影响。

企业可以通过电子商务平台对消费者提供各个方面的服务，给他们一个完整的服务体验。

五、电子商务的机遇

当前，我国电子商务处在由高速发展向高质量发展全面转型的关键时期。电子商务应适应形势，紧抓机遇，克服挑战，不断创新，坚持高质量发展主线，在助力形成国内国际双循环相互促进的新发展格局的过程中寻找新的发展空间。

首先，双循环新发展格局需要电子商务发挥融合畅通作用。电子商务将充分发挥创新能力强、资源配置优、数据挖掘效能高等显著优势，在构建新发展格局中发挥更大作用。一方面，电子商务将以产业融合为着力点，促进国内大循环提质增效。与制造业融合，将使电子商务依托数字技术应用从消费端加速向生产端拓展，实现更大范围、更广领域、更深层次的线上线下融合，智能定制、新消费品牌等创新发展模式将进一步释放消费潜力。与生活服务业融合，将持续提升教育、医疗、文娱、旅游等在线服务品质，依托5G、人工智能、虚拟现实等技术探索数字生活新模式、新场景。另一方面，电子商务将创新全球产业分工及协作方式，促进国内国际双循环畅通。国内的各类产业以及第一产业等基地参与全球市场竞争的模式就是电子商务平台，而且凭借的是跨境电子商务平台，培育外贸竞争新优势，稳固产业链，提升价值链。跨境电子商务跨地域、跨时区的在线交易场景将进一步推动供应链的数字化、智能化，提高我国电子商务全球市场服务水平。丝路电商将继续加快全球布局，结合自身产业优势，塑造品牌，培育市场，促进跨境贸易和对外投资发展。

其次，乡村振兴战略需要电子商务发挥产业富民作用。电子商务将切实巩固拓展脱贫攻坚成果，积极服务乡村振兴战略，形成电商助农长效工作机制。一是促进特色农产品电子商务发展。各地将深入挖掘具有地方特色、可电商化的农产品品牌，持续打造“一市一品”“一县一品”，完善农产品上行通路，形成可持续的特色农产品电子商务发展模式，巩固脱贫攻坚成果，打好乡村振兴“第一仗”。二是促进新型县域市场主体发展。各市、县将培育大量熟悉当地产业、聚集本地资源和服务全县的新型本地农贸市场，促进电子商务与休闲农业、乡村旅游、民俗体验等行业深度融合，丰富农村经济。三是促进城乡电子商务的平衡和包容性发展。农村电商基础设施将更加完善，快递物流等方面的发展与城市的差距将尽可能缩小，农村电商人才培训体系将进一步得到完善。

最后，如果要实现高质量发展的理念，电子商务必须在创新方面发挥先锋模范作用。电子商务将在贯彻创新、协调、绿色、开放、共享发展理念，推动经济社会高质量发展中发挥引领作用。一是紧抓消费升级、技术革新与模式迭代机遇，实现更大范围、更广领域、更深层次的融合创新。不断推动品质消费、品牌消费、时尚消费、个性消费、定制消费，带动产业链提质升级，满足人民群众对美好生活的向往。二是积极建设开放共享的电子商务发展环境，依法合规探索数据要素应用，推动产业可持续增长，推动电子商务服务资源跨企业、跨行业、跨区域开放共享，强化产业协作，促进区域协同发展。三是倡导绿色电子商务，推进绿色、低碳的发展模式，提升流通环节的绿色包装应用水平，提倡绿色低碳网购消费方式，构建有利于人和自然和谐共生的电子商务产业链。电子商务领域在把握发展机遇的同时，也要做好系统风险研究与评估，严格把控网络安全、数据应用与个人隐私方面的风险，强化反垄断措施，防止资本无序扩张，保障电子商务领域全面进入高质量发展新阶段。

第二节　农村电子商务概述

一、开展电商的操作流程

对于农民来说，仅了解农业电商的类型还远远不够，更重要的是掌握农业电商技巧。首先，要选择一个合适的平台进行注册认证；其次，要重视日常运营，制订完善的引流计划；最后，要优化产品包装，使产品卖出高价格。

（一）选择平台

选择合适的线上平台是入行农村电商的第一步。通过网络，消费者足不出户便可以了解农产品的相关信息并进行购买。

与线下销售农产品相比，通过电商渠道销售农产品的优势主要表现在以下几个方面：

第一，节约成本。将销售农产品的工作内容搬到线上，再以网络化的管理、推广和销售来节省人力销售的成本，既拓宽了农产品销售的渠道，又提高了农产品销售的效率。

第二，打破时间与空间的限制。通过电商渠道销售农产品能够打破交易的时间限制，网店可以做到24小时营业。对于不易保存的农产品来说，这无疑为其争取了更多的销售机会，并且更容易吸引到白天没有时间购买农产品的消费者。此外，通过电商渠道销售农产品也打破了交易的空间限制。实体售卖农产品时，客源范围是有限的，而网店的交易空间更广。

第三，更容易激发消费者购买欲。相比实体店铺而言，网店的广告更具有冲击力。而且在通过电商渠道销售农产品时，农产品经营者还可以利用一些策略，比如显示倒计时或者产品剩余数量等，激发消费者购买农产品的欲望。

第四，业务范围的迅速扩大。随着网上商店越来越受欢迎，农民希望不断扩大他们的活动，他们可以比实体店更快地投资产品和广告。这是因为杂货商不必扩大或寻找另一个实体店或重新开店，所以能够节省一笔不菲的支出，只需要在网上商店推出新产品，并从网络平台寻找宣传商品的方式。

第五，营销方法多样化。互联网的发展推动了电子商务营销方法的不断发展。短视频的拍摄、微信公众号、微博推送、新媒体广告等新的广告方式拓宽了消费者接收信息的途径，改变了消费者的消费思维和模式。

通过电商手段进行农产品销售，需要借助各种网络销售平台。

首先是综合类销售平台。这类平台的突出特点为客源多、覆盖种类全面。知名的综合类销售平台有淘宝、天猫、京东、拼多多等。

其次是直播类销售平台。直播是电商平台的重要引流手段。各行各业与其结合而成的“直播+”模式是一种重要的商业模式。比较热门的直播类销售平台有淘宝直播、抖音直播、快手直播等。

农产品经营者可以根据各平台的优缺点和自身情况来选择合适的电商平台。这个选择过程是灵活的，农产品经营者可自由组合选择。

（二）日常运营

运营是做好农村电商工作的关键。因为运营环节是农村电商运作流程的“大脑”。它负责将农产品、销售渠道、宣传途径等内部资源由上到下地进行整合，之后计划、组织并跟进相关运营事务，进而把握全局，综合统筹，引导农村电商的工作方向。

运营的工作流程包括很多环节和步骤，不仅需要为自己的产品和网上商店做出适合未来发展的计划，而且还需要与企业的其他部门进行合作，以确保电子商务平台的有序运营。

吸引客户的眼球和增加客户流量是电子商务的核心需求。尤其对于农村的电商行业来说，有流量就有了用户的关注，有用户的关注就有了消费者，从而可以实现盈利的目标。不同环节的共同作用是吸引流量。一般来说，农村电子商务的工作主要涉及以下内容：

1. 内容填充

在这种情况下，农村电子商务运营商负责建设、组织和运营农村电子商务团队的官方网站内容，并构建运营系统，组织整个过程，以及制订月度、季度和年度战略目标和实施计划。

要想通过这一环节达到流量的累计，农村电商经营者需要充分了解电商团队的多方面的资源，实现与团队的整体合作，并且根据本地的发展情况，规划和制订月度、季度甚至是年度的流量计划及方案。

2. 产品填充

在该环节，农村电商运营者需要做到：提出产品的更新计划，为市场调研、农产品上线、尾货及季末销售等环节制订详细的计划并实施；为农产品的上架计划、图片拍摄等细节做好规划；对农产品销售情况进行预估，据此制订可控的库存管理方案。

在此环节要想达到引流目的，农村电商运营者可以对网店的客户进行分类管理，形成包括会员积分、会员等级、会员维护、会员卡服务等项目的会员体系，并定期举行线上会员活动等。

3. 站内优化

在该环节，农村电商运营者需要使用提升线上客户体验的新技术，不断优化网店页面及交互功能，定期优化官网效果，以提高客户的使用体验。

客户的使用体验越好，电商团队的口碑越优秀。当客户对团队有足够高的好感度时，便会自发为电商团队宣传，引流的目的也就达到了。

4. 促销活动

在该环节，农村电商运营者需要组织各种促销活动来增加销售量，比如满 50 元送切块鲜果，购买会员卡送应季水果等。

在此环节要想达到引流目的，农村电商运营者可以关注线上平台的各大购物节，并与之配合，开展促销活动；还需要关注市场和行业动向，收集有关信息，分析竞争对手的促销活动，并结合自身优势提供有效的应对方案。

5. 渠道拓展

在该环节，农村电商运营者需要积极与其他线上、线下平台合作。通过分销、联营、线上线下联动等方式来达到引流的目的。例如，某地区盛产药材，可以同与药材有关的人气电视剧联名，植入广告。

6. 物流配送

在该环节，农村电商运营者需要与不同的物流公司洽谈，以确定合作的物流公司，使高效的物流配送体系为自己服务。

在此环节要想达到引流目的，农村电商运营者可以在订单受理、财务确认、库房打包、配送发货、物流跟踪、客户验收、客户回访等环节与各相关小组紧密协作，结合客户的反馈信息不断优化订购处理流程，注重客户的购买体验，对此过程中出现的问题进行优化。

客户对服务满意后，就有极大可能成为回头客，引流的目的也就达到了。

运营工作的重点就是把握全局，综合统筹，以敏锐的目光分析市场及农村电商团队的发展，并以此为基础制定合理的制度及发展规划。在此过程中，农村电商运营者需要注重团队之间的配合，还要定期进行各种工作的汇总及市场调研，为农村电商团队的下一步发展奠定坚实的基础。

（三）产品包装

所谓“人靠衣装马靠鞍”，农产品也需要一件可以吸引消费者的“衣服”。不难想象，当消费者在电商平台上看到包装非常精美的农产品后，肯定会情不自禁地对其产生好感。

那么，什么样的包装对于农产品来说才是合格的呢？可以通过以下几个方面进行判断：

（1）一个好的包装必须能够激起消费者的消费欲望，促进消费行为的形成。消费者对不同类别的农产品通常有不同的诉求，这一点应该体现在包装上。例如，高档农产品的包装就应该区别于低档农产品，这样可以有效提升购买率和复购率。

（2）注重包装的颜色，一般高纯度颜色的包装更容易对消费者产生吸引力。此外，鲜艳明快的颜色比冰冷灰暗的颜色更受消费者喜爱。需要注意的是，包装的颜色种类一定不能过多，最常见的就是两种颜色相匹配。

（3）包装上要有合适的图案，以便让农产品更形象、更生动、更有趣。例如，茶叶是一种民族性极强的农产品，如果为它的包装设计图案，那就可以选择一些类似于中国画、装饰纹样、吉祥话语、民间剪纸、少数民族图腾等具有民族文化气息的传统图案。这样的图案可以充分表现茶叶的传统特性。

（4）包装供应商和工艺必须是具有新意的。在表达的具体方式上，要更加注重绿色、无公害的材料，这更符合环保理念；在包装的技术方面，要在包装的造型上做出适合产品的改进，比如适合儿童消费的无公害蔬菜的包装就可以设计得卡通一些，拥有童趣的元素。

包装在购物的过程中具有非常重要的作用，但包装设计得再漂亮，如果产品的质量不过关，它仍然是一件不合格的产品，缺乏实用的价值。

二、农村电商的产生背景

随着信息技术不断地进行推广和应用，应用范围已经从城市扩展到了农村，传统的营销和经营方式不断被突破。

在我国的农村，信息技术的发展已经拓展到电子商务等领域，在农民的发展和创业中起到了不可忽视的作用，而且这种现象是非常普遍的。农村的电子商务将基于互联网技术的商业模式应用于农业和农村的发展，具有非常明显的作用。

第一，互联网为创业主体提供了创新的机会，体现了微观技术的实施水平。互联网为缺乏信息交流的村庄带来了获得利润和创造财富的机会，改善了参与者的生存环境，为村庄里的人提供了经济发展和优化文化氛围的机会，缩小了城市和农村地区之间经济实力以及基础设施上的差距。在农村地区使用互联网等现代信息技术，可以提高农民学习使用互联网的学习兴趣和知识储备，提高信息沟通的效率，缩小技术上的差距。电子商务技术不仅提供了便捷的网络化市场环境和农产品营销服务，实现了农民与市场的高效结合，而且通过将传统的农村元素与互联网资源相结合，促进了农民职业的多样化发展，对农村社区的发展和农村的现代化建设有很大的促进作用。

第二，政府推广互联网技术，可以在宏观层面上建立服务的框架。政府应确保信息和互联网在农村地区是可用并且方便使用的，但只靠政府部门的努力，会导致监督和管理上的许多难题，不利于正确地进行技术的推广，应给予地方政府更大的自主权，以便协调和独立推动互联网基础设施的发展，并整合市场资源和政府部门的力量，建立一个涉及政府、非政府组织、私营部门和社区团体的农业扶持系统。为了保证信息技术发展战略的持续发展，政府不仅要关注互联网普及率等，还要更加关注信息技术在农村的满意度是否达标，这体现着人们的接受度和信息技术在农村的建设程度，以及相关基础设施体系的完善度，使更多的农民能够使用互联网和信息技术。最近，关于中国农村电子商务的调查也开始关注政府在监管该行业、改善市场运行的机制和提高使用效率方面的作用，强调政府与电商协会、各种电商平台、公民组织等利益相关者应该提升沟通和互动的频次。

中国农村电子商务的实施和应用，随着农民的学习和模仿以及众多参与者的共同发展，推动了新的商业企业（网络企业）和产业结构的转型，使不同地区的农村电子商务呈现出多元化的发展格局，在发展模式上不断地改良和演进。

三、农村电商的发展历程

（一）第一阶段：1994 年至 2004 年

由于互联网技术快速发展，政府对于互联网信息技术在农业领域的综合运用非常重视。

中国农业信息网和中国农业科技信息网在 1994 年逐步建立，为农业电子商务的发展奠定了网络技术上的基础。例如，农村农业部的官方网站于 1994 年正式启动，1996 年建设完成。中国农业信息网建立了 54 个精品频道、28 个专业网站和省、自治区、直辖市农业网站作为主要的访问门户，是全国各级政府农业网站中最有科学技术含量、专业性质最突出的综合性门户网站，日均访问量 300 多万次，访问量位居国内农业网站第一、全球农业网站第二名。在政府和相关部门的领导下，农产品电子商务领域的信息技术已经进入实施阶段。

1999 年是电子商务的第一个年头。在此期间，新浪、搜狐等门户网站成功建立，构成了互联网创业的开端，并引发了一股浪潮以及各种应用模式的发展。这一时期还出现了以即时通信和搜索引擎为商业模式的公司，如 1998 年的腾讯和 2000 年的百度。这一时期还创建了一批电子商务网站，如阿里巴巴等。

8848 的品牌成立于 1999 年 5 月 18 日，其创始人王峻涛根据世界最高峰珠穆朗玛峰的高度 8848 米，为网站起了一个非常具有特色的名称。8848 被认为是中国第一家 B2C 电子商务公司，并且在成立的最初两年获得了飞速的发展。但投资人和相关管理者在经营理念、未来发展方向等关键问题上一直存在矛盾，导致 8848 没有遵循这一创新的发展模式，也没有持续在 B2C 方面深耕，最终在互联网的激烈竞争中退出了历史舞台。

作为中国电子商务的早期代表企业，8848 的出现标志着中国电子商务发展的一个新阶段。

1995 年，郑州商品交易所集诚现货网（现名为“中华粮网”）成立。市场经济对于农产品的流通也在不断产生影响，棉花、粮食等对国家的经济命脉影响非常重要的农产品也开始成为市场经济环境下的流通品。

以前，在高度集中的计划经济体制下，不可能在网上交易的棉花、粮食等农产品，即使在正常的市场条件下，这些农产品也很难在网上大量交易。这两大网站的建成和投入使用，对粮食、棉花等农产品的网上流通问题提出了解决的方案，也对其他农产品的网上销售有一定的帮助作用，为我国农业电子商务的进一步发展提供了一定的便利，使更多的农产品流通参与方认识到农产品交易中互联网信息技术不可替代的作用。

2000 年至 2002 年这段时间被许多人称为互联网的低潮时期。

2000 年，中国互联网公司开始在国外上市。当时有许多互联网公司采取上市的模式进行发展，即成立一家互联网公司，创建一个网站，经营一段时间，然后尝试上市并盈利。然而，由于用户数量缺乏、市场占有率不足，所以经济上的泡沫现象非常严重。2000 年，互联网泡沫破灭，许多互联网公司无法生存。在此期间，许多经营者纷纷离开市场。

在后续的几年时间里，许多电子商务公司开始放缓发展的步伐。虽然阿里巴巴在 2000 年获得了一定的发展，但也处在挣扎的边缘。

当然，网络泡沫是对此行业的一次筛选，能够让许多虚假的投资狂热退潮，从而提高整个行业的发展质量。

（二）第二阶段：2005 年至 2012 年

中国农业电子商务历史上最引人注目的一年是 2005 年，当时生鲜农产品刚刚尝试在网上进行销售。这一年，上海易果电子商务有限公司创立了“悠悦会”综合食品服务网络平台。“悠悦会”的主要目标是推广食品安全和健康的饮食文化，并营造安全健康的生活氛围。通过互联网进行食品交易时，消费者特别关注食品的“安全”和“口味”，尤其警惕的就是虚假宣传产品，对欺诈行为嗤之以鼻。“悠悦会”就是为了打消消费者的这些顾虑而产生的。对此，“悠悦会”将自己的品牌定位为专业的代买，对于蔬菜、水果等农产品的挑选精益求精，打造原创的特色品牌，建立较好的口碑，使其服务符合中国人的营养结构需求。该公司还在全国不同的城市和地区设立了分销点，以建立分销网络，确保及时交货，从而使新鲜可口的农产品能按照配送的时间送到客户的餐桌上。总的来说，“悠悦会”不断扩大市场的份额，成绩斐然。2008 年，在“悠悦会”的模式指导之下，乐康和其他企业也开始销售新鲜的农产品。然而，2008 年世界经济危机爆发后，我国中小企业的生存成为一个较大的难题，特别是出口企业的利润受到很大的影响，许多企业有倒闭的风险，可以生存的企业也有裁员的情况，利润比较微薄。2008 年初，阿里巴巴集团宣布取消所有已决定的投资项目，把发展的重点转向服务的提升。2008 年经济危机的破坏性很大，外贸公司纷纷转向国内市场，发展成为国内贸易公司，电子商务公司的管理模式也发生了转变。

2009 年至 2012 年，市场上出现了大量销售生鲜产品的电子商务网站，相关的分销服务也得到了很大提升。也就是说，生鲜农产品的网络销售彻底改变了农产品的销售模式，是农产品流通史上的巨大发展，电子商务的作用和拓展有了巨大的转变。当然，需要指出的是，虽然市场上有很多不同类型的农业电商网站，但不可能避免同质化竞争的问题，有些农业电商网站相对不赚钱，甚至亏损。

（三）第三阶段：2012 年至 2013 年

生鲜农产品网上销售的进入要求比较简单，任何人都可以进行销售，特别是随着“四通一达”等快递服务行业的快速发展，出现了不同形式和规模的农产品电子商务。当然，在这个发展的过程中，生鲜农产品的竞争是层出不穷的，其品牌问题也逐渐引起行业内人士的重视。以荔枝大战为突破口，生鲜农产品电商的品牌推广活动成为人们关注的焦点，更多的农产品电商认识到品牌形象在销售中的重要作用。即使是同一个种类的生鲜农产品，品牌产品的价格也要比没有品牌标注的产品高出许多，品牌产品受到过多的欢迎，供应产生不足，非品牌产品不被市场的消费者认可，价格不断下跌，品牌产品的价格也远远高于非品牌产品价格。荔枝大战影响不断加大的直接结果是，在生鲜电商领域出现的一些品牌农产品电商公司都获得了外部资金的支持。例如，本来生活、顺丰优选等品牌都获得了国外资金的支持，具有一定品牌影响力的生鲜农产品品牌电商企业都在快速发展，越来越受到其他行业的支持。国外资金刺激的结果是，大多数生鲜农产品品牌电商企业都在大幅发展，并且在国内的许多城市设置分销店，攻占市场的占有率。当然，市场上一直都存在激烈的竞争，竞争风险不可避免，一些竞争者能够在市场上站稳脚跟，而另一些则被挤出市场。例如，2013 年，北京的“优菜网”因各种原因试图转让。

（四）第四阶段：2014 年至今

2014 年 5 月 22 日，京东在美国纳斯达克证券交易所挂牌上市，成为中国第三大互联网上市公司，融资的金额为 17.8 亿美元。京东上市表示中国的互联网电子进入了快速发展的阶段。2014 年 8 月 1 日，我买网实现了 1 亿美元的融资。2014 年 10 月 16 日，宅急送获得了总数 10 亿美元的融资，投资方包括复星集团、招商证券等。综合来看，这一系列的电子商务巨头和相关公司获得行业的融资，表明电子商务已经取得了全球范围内的认可。在这种情况下，农产品的电子商务必然会快速增长。在这个过程中，农产品电子商务不断发展。2014 年，海南、河南、四川、湖北、重庆、陕西和山东出台了促进农业电子商务发展的特别措施。在外部激励、政府部门重视和相关政策的扶持之下，全国各地农业电子商务发展势头良好，并对一些地区农民经济状况的改善、农业发展和农村建设发挥了重要作用，对促进区域经济和谐发展、解决农村剩余劳动力就业、农民工返乡创业等问题产生了非常积极的带动效果。

2015年，国家发布了一系列文件，为农村电商的发展奠定了基础，以期解决农村电商的发展难题，促进农村电商持续发展。

农村电子商务的发展已经引起了国家的战略重视。从战略的角度出发，党中央、国务院强化了农业电子商务在解决“三农”问题中的战略作用，支持、推动和引导农业电子商务的进步。在国家有关部门的推进下，各省及省以下政府对自身的农业特色和优势进行充分的分析和考察，采取相关的方法和手段，不断推进农业电子商务的深层次发展。

四、农村电商的地位作用

（一）增加农村经济竞争力

乡村振兴要全力解决好“三农”问题，加快推进农业农村现代化。乡村振兴不能就乡村谈乡村，不能离开城市谈振兴乡村。

村庄资源有限，人才短缺，市场狭小，因此，县域需加强顶层设计，谋划城乡一盘棋，促进一、二、三产业融合发展，谋划“服务业的服务业”，实现城市与乡村生产要素双向流动和消费需求双向流通，打通城市消费与乡村供给，活跃乡村经济内循环。同时，利用互联网实现乡村信息与外部世界的链接，积极拓展外部市场，打通乡村供给与远端市场需求，形成乡村经济外循环。

要通过发展电子商务来扩大电子商务在农村的应用，通过电子商务改革农村的生活方式、种植方式、生产方式和销售方式，同时，鼓励更多的政策资源、行业资源和资金、电子商务平台、电子商务企业、第三方物流服务企业和电子商务专业服务机构走进农村，促进农产品上行和下行同步推进。

在推进下行的过程中，要增加物流、平台服务点等，扩大农村消费市场，拓展更大的消费空间。相对工业品下行而言，农产品上行难度更大，需要进一步拓宽农特产品销售市场。农村电商要从简单网销，特别是网上零售向数字农业农村发展，就必然要求实现自身的升级。

农村电商升级的着力方向一方面是进一步改善农村电商发展的硬件和软件，在供应链、冷链、网络品牌建设、农产品的品控、农产品的溯源、交通和网络、物流等方面下功夫，以及吸引更多的电子商务服务机构和人才；另一方面是打造更好的电商新业态和氛围。严格保证产品质量，做好品牌建设，坚决杜绝假冒伪劣商品。同时必须要积极构建县、乡、村三级电商服务点。

电商平台及服务商可以利用数据优势，作为赋能农产品的供需双方，在产销数字化的基础上促进和实现供需的精准对接和精准交易。从众多平台的“严选”、“优品”、买家画像，到类似一亩田对产品的标签化、细致化分类等，电商大数据正在发挥越来越大的作用。农村电子商务应当大力培养和全力引进农村电商人才，加大农村电商政策扶持力度和对电商创业的全方面支持，鼓励更多的年轻人回到农村，通过互联网创业带动农村产业的振兴，让亿万农民通过“触网”走上“双创”新舞台。

未来几年，在国家政策的扶持下，农村市场将迎来巨变。农村电商可以大力地挖掘农村潜力，从而通过电子商务驱动农业全产业链数字化转型；以“互联网 +”催生乡村新业态，实现一、二、三产业融合；通过创建网络品牌解决过去农业产品有标无牌的现象；通过电子商务与一、二、三产业融合，网络品牌，电子商务平台和数据引领农业高质量发展；用现代商业思维、品牌营销重塑乡村传统产业；积极构建“区域公用品牌、企业品牌、村庄品牌、产品品牌、个人自品牌”等多级品牌体系。未来，农村电商线上线下融合趋势将更加明显，线下实体市场转型的步伐会更快，因此，应当推动线下实体与线上网络市场的融合发展。

新的时代需要新的理念重塑乡村产业：城乡融合谋划乡村产业，品牌引领推进质量兴农，“互联网 +”驱动一、二、三产业融合发展，物联网、大数据驱动农业供给侧结构性改革；运营前置，从市场与资源双维度做好乡村农文旅项目，实现从美丽乡村到美丽经济的转变，助力乡村振兴。

总而言之，解决中国农业“小农与大市场”的矛盾可以依靠农村电子商务的发展，电商的一个突出的优势就是可以使单独工作的农户通过抱团的模式进行规模化销售。抱团的方式可以有效地降低成本，而电子商务平台及平台数据分析能使产品更好地满足市场的需求，增加农村经济的竞争力。

（二）助力农村现代化建设

第一，农村电商可以对以往的交易模式进行全面的颠覆。自加入世界贸易组织（WTO）以来，中国的农产品市场面临着外部和内部市场的双重挑战，全球化的市场已经开始出现。农产品在国内和国际上的竞争都很激烈，这意味着农民需要充分了解农业市场的最新动态。从前的经济理论认为，农产品市场的买家和卖家是在信息完全对等的基础上进行货物的贸易，也就是说，价格是由供应和需求双方所决定的。然而，在今天的市场经济中，农民对农产品的信息并不完全了解，在许多情况下，经济生活中存在着信息不对等的现象。农民在农产品销售过程中不了解市场信息，这增加了销售过程中的不便。农村电子商务为农民提供了一个交易的平台，使他们能够根据产品的时间节点获得准确的市场信息。通过电子商务这个平台，农民可以及时获得农业信息，对市场的信息也能够进行及时的处理，对于信息不对等的现象也有一定的解决措施。农村电子商务可以帮助农民做出明智的交易决策，指导他们农作物的种植方案，减少可以通过科学的指导避免的农业经济损失。

互联网的广泛使用，为农产品的销售提供了一个巨大的市场。农民可以通过电子商务把农产品卖到距离更加遥远、规模更加大型的市场，而农村电子商务可以扩大和强化不同地区农产品的销售规模。电子商务可以在每天 24 小时、每周 7 天的时间内提供不停歇的服务，使农民有机会进入更大规模的市场，扩大自己的消费群体。此外，电子商务是一种互动的销售方式，农民可以及时得到市场反馈的信息，以改善他们的经营和生产，为客户提供更加人性化的服务，从而打造坚实的客户基础。发展农村电子商务是营造社会主义现代化农村环境、拓展市场、参与经济全球化竞争的一个重要途径。传统的货币和贸易模式被逐渐取代。农民可以通过电子商务方便快捷地进行信贷、交易和支付。农村电子商务使得农民和市场的隔阂不断地被消除，使生产更加快捷，适应性更强。农民可以对消费者的偏向提前进行了解和认同，并及时学习和追踪消费者的去向。现阶段中国农业发展的主要挑战是小生产与大市场之间的不平衡。电子商务突破了时间和空间的局限性，从而缩小了生产和市场之间的不匹配。

此外，农村电子商务在降低生产成本方面发挥了很大的作用。农民可以利用互联网比较产品的成本和价格，选择合适的交易方式；可以通过电子商务的途径获得最前沿的农产品销售和管理的相关信息；可以通过电子商务的途径进行集体采购和竞价，集体的交易更能够减少成本。通过电子商务，农民还可以及时收到有关市场技术、天气、农业政策、病虫害警报的最新消息。这些信息也对降低成本有很大的作用。同时，电子商务交易双方可以进行信息分享和交流，将双方信息不对称造成的经济损失降到最低。

第二，农村电子商务可以使农民的意见和建议更受重视。农药和动物饲料是农业生产和加工的主要投入方面，所投入的价格和质量对农产品的盈利有很大影响。农民可以利用电子商务有计划地大量购买这些饲料，获得对饲料成本的控制权，并在这个过程中降低一定的成本。通过电子商务，农民还可以深入了解农产品的生产过程，同时通过电子商务平台对农业资源信息进行整合，推广当地优质农产品，促进农业生产的统一化。

我国分散的农业生产方式给农业技术支持和咨询带来了很大的挑战。在技术支持和服务不足的情况下进行农业生产，会对资源有一定程度的消耗，产量也很有可能不会得到提高。农村不同类型的生产技术基础不一样，农民很有可能无法收到自然灾害的早期预警，无法根据预警采取相应的保护措施，也无法在自然灾害发生后及时补救。电子商务和技术人员可以建立一个信息技术服务网络体系，有效地为农民提供技术上的指导，提高农民的技能熟练程度，更好地监督和管理农业生产，全面提高农业生产的科技化水平。此外，电子商务可以提高农村的经营活力，为农业的创新驱动提供新的动力，拓宽农民对电子商务的认识，最终缩小城乡之间对电子商务认识的差距，为农村的现代化建设提供一定的动力。然而，农村劳动力供应存在不平衡的特点，特别是最近几年，由于农产品价格不断上涨，农业生产需要更多的劳动力。尽管许多农民已经回到农村从事农业生产，但农村劳动力的供给数量比较小。电子商务可以及时提供农村劳动力的供求信息，从而促进农村劳动力不断流转，提高农村就业水平和就业率。电子商务还可以通过吸引农村劳动力从城市地区回到农村，实现促进农业生产发展的目的。

总之，农村的电商平台是农民获得农产品信息的一个便捷途径，这个平台可以帮助农民不断提高对于农业信息的了解程度。

第三，电商能够提高农民和所在村庄的生活质量。目前，电子商务已成为国际和国内贸易的主要模式之一。随着互联网技术的推广和使用的不断普及，电子商务将继续发展，成为国内和国际贸易的重要组成部分。社会主义农村的现代化与电子商务的关系密切相关。农村电子商务的发展具有全局性、战略性等特点，能够与社会主义农村现代化的发展战略相适应。电子商务是现阶段科技含量较高的交易手段，在促进农村经济发展方面发挥着不可或缺的作用。农民主要依靠自己的生产经验和农产品销售来选择生产的作物，生产时通常不考虑市场上的供求状况和产业发展趋势，这对农业生产构成了比较严重的威胁。农村电子商务可以为农民提供可靠的市场信息。通过电子商务，农民可以监控市场上农产品的供求关系、价格走势等信息，以便根据市场情况对农产品的内容、数量等做出决策。农产品生产出来之后，如果市场信息不对称，农民就会面临损失，这很容易导致农产品的低价销售和滞销。通过电子商务，农民可以公开销售他们的农产品，使买家及时收到农产品的信息，买卖双方可以在电子商务的平台上进行价格谈判和交易。

作为农业生产主体结构的独立农户，如果网络知识储备不足，就无法及时收集市场的信息资源，导致售卖的农产品的种类不符合市场需求。在农村地区发展电子商务可以将农民学习网络知识的热情激发出来，把农民和市场进行有机的结合。电子商务作为网络和信息技术融合发展的结果，是一种进步的营销方法，同时也是高效的教育形式。农民可以在网上获取各种农产品的信息和交易的相关信息，以便在学习和生产中获得更大的便利；他们还可以在网上购买想要获取的商品，享受电子商务带来的便利和益处。建设社会主义现代化农村是我国农村发展的重要目标，电子商务可以为社会主义农村现代化建设提供有力的保障，实现农村各个方面的发展，从而缩小城乡经济发展的差距。

五、农村电商的作用机制

在以往的体制机制、发展类型、业务类型、市场环境和发展政策的作用下，简单的传统产业活动已经慢慢地失去了活力，如果不及时进行转型并进行现代化的发展，迟早会被市场抛在后面。从整体机制上分析：农村市场在资源上具有很大的优势，市场占有率也有一定的优势，农村电商的出现可以为农村产业结构转型和现代化带来新思维和新方向。通过农村电子商务开发新兴的产业，可以促进农村各种资源的生产和产业发展要素更快进入创新创业型的新兴产业，从而实现传统产业现代化的目标。

对于农村结构机制的分析表明，有两个主要因素决定了农村地区产业结构的转型和现代化的发展：一个是资本积累的进程，另一个是技术创新的速度。电子商务平台、物流服务等中间机构可以将社会资源有效地配置到不同的部门发挥作用，从而对社会的资本积累和创新率的提高起到促进的作用。农村电子商务模式是实现农村产业结构转型和现代化的最佳驱动力，其转型和现代化的过程有以下特点：生产规模化、产品标准化、品质生态化、平台多元化。

（一）生产规模化

小规模的农业生产模式在中国农村仍然占主导地位。尽管家庭联产承包责任制提高了土地管理的自主性和灵活性，对于生产者的积极性有一定的调动作用，但也有局限性。农村电子商务将在农村产业结构调整中发挥重要作用，通过分散家庭经营的土地流转促进生产量的增加和规模经济的形成，推动农业机械化和现代化的落实到位，提高综合经营的水平和产品在市场上的竞争力。推广农村电商的发展，首先要实现经济的规模化，其次要发挥市场的主动性，提高市场在价格制定中的作用。农村电商的推广进程可以通过比较高水平的规模效应进行加速，两者相互作用。

（二）产品标准化

鉴于农产品的品牌建设不足和低价销售趋势严重威胁到该行业的持续健康稳定发展，农产品的标准化成为农产品销售的一个重点。过去，农产品是由分散的小农户进行种植的，他们没有产品质量标准化的概念，这使得产品难以实现标准化。目前的产品分类标准不适用于新形势下的产品销售，而电子商务产品在体验上远远落后于实体店，产品的外观、味道和新鲜度都无法进行相应的效果考察。因此，需要不断改进农业生产和销售标准，使其落实到地，并继续在“三品一标”的认证工作上多下功夫。

产品包装。引入单一商标，统一产品包装，为每个产品建立详细的参数和数据库，建立每一个产品都可以找到源头的系统。

农药和农业投入品的监管。农药和农业投入品作为农业生产时重要的生产工具和生产资料，应该拥有相关的标准化生产体系，这不仅能为“三品一标”认证工作的开展提供便利的条件，也有利于制定农场生产标准和检测标准。

标准化的供应链管理将为冷鲜技术、加工和分销链建立一个全面的监测机制和可追溯系统，对链上的每个行为者实施生产问责，并在整个部门以及整个产品的产业链都实施可追溯管理。

（三）品质生态化

当下，人们对于产品的来源和质量非常看重。推动农业生产全过程的绿色化和生态化，建立可查看产品生产地的服务系统，是促进农村产业结构转型和现代化发展的重要农村电商体系环节。品牌经济将是未来农业发展的新风口，是农村电商发展的坚实基础。推行有机品牌的认证工作发展，大力推广健康环保的农产品、有机农产品和具有很强地域性的农产品，鼓励农村农产品生产企业采取高质量的生态经营方式和管理制度。

农业生态是一套成熟的系统，为了保障高质量的生态，必须确保系统中所有元素得到平衡发展。要禁止使用有害的农药，对高毒农药的购买进行限制，在购买的过程中做好登记工作；有机肥的使用符合农产品的生产要求；要合理引进病虫害的天敌，通过影响病虫的整体食物链来促进农业绿色发展。应制定科学合理的质量安全标准和农产品检测认证制度；应根据农产品的特点对其进行分类储存；应延伸冷链物流的发展进程，以支持新鲜产品，保持其新鲜度。同时，推动建立农产品生态安全信用体系，建立农产品生态安全信用的制度化体系，完善信用信息的采集、透明、公布和执行机制。鼓励相关行业中具有一定公信力的机构开展信用评估。

（四）平台多元化

农村不同种类的产业结构要依靠农村电商平台的多元化发展。多元化的平台发展可以为农村农产品的销售提供更公共和专业化的服务，从而对一些电商平台中比较突出的问题，比如服务的问题等，提出更好的解决方案。

第一，依靠合作的在线服务平台。农村合作社的一个鲜明特点就是可以将小农户组织起来，在生产过程中使用共同的品种、生产的资料和品牌，并控制产品的质量、供应量的多少、分类和物流、储存和运输。农民合作社的新电子商务模式是农民专门用以生产农产品的一种电子商务形式，利用市场上的需求反馈给合作社订单。应充分利用合作社在这种新商业结构中发挥的作用，促进农业结构的转型和现代化。

第二，领先的公司和企业将建立自己旗下的平台。一些生产或加工农产品的企业通过自己搭建的平台，与农户形成利益上的共同体，推广农业技术，可以服务于农业的专业技术人员，同时接受农户的订单来指导生产，通过平台的系统分配，在仓储物流服务方面为农民带来便利，保证农产品参考销售情况进行统一定价，通过平台及时发布市场供需情况和病虫害的遭受情况，对市场上的信息不对等情况进行调节，有效防范风险。

第三，借助第三方的服务平台。农村电子商务在发展过程中应根据不同的产品特性，选择合适的中介服务平台，无论是大型服务性的平台还是专门行业的平台，都应根据自身的情况，比如发展的程度、农产品的质量、组织架构、企业未来的发展等进行建设。

六、农村电商的四种类型

自从“互联网 +”概念迅猛发展以来，农民如果不进行与电商有关的事务，就相当于放弃了大部分的盈利机会。既然农业与电商有天然的契合度，那么农民应该如何入局农业电商呢？首先需要了解农业电商的四种类型，包括农产品电商、农资电商、工业品下行电商、生活服务电商。

（一）农产品电商

农产品电商的核心是在开放的网络环境下，买卖双方在线上进行农产品交易，属于一种全新的商业模式。互联网在农民和消费者之间架起一座“桥梁”，这是农产品流通领域的重大变革，这个变革有利于把各地区的农产品推广到千家万户。

目前，我国的农产品电商主要包括网上期货交易、网上期权交易、大宗农产品电子交易、农产品网络零售、农产品“新零售”、农产品网上交易会。这也是我们经常说的农产品电商“金字塔”结构体系，如图 1-2-1 所示。

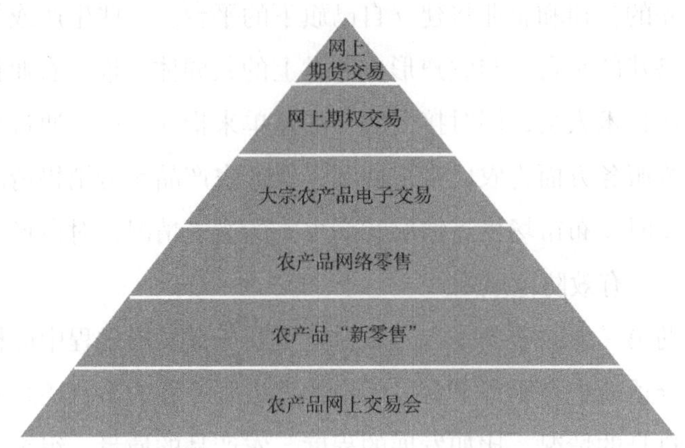

图 1-2-1　农产品电商“金字塔”结构体系

农产品电商扩展了农产品销售渠道，通过互联网、人工智能、大数据等技术引导和组织农产品的生产过程。这种方式可以提高我国农业的发展潜力，增加农民的收入，实现城乡均衡发展。

现在，越来越多有朝气的青年人加入农产品电商队伍。例如，1992 年出生的王雄通过在网上销售人参果获得了上亿元销售额；莲商谭宇翔仅用半年的时间便卖出 90 万单湘莲，总销售额也达到上亿元。这些人用自己的青春和智慧推动了乡村振兴，收获了令人欣喜的成果，为实现农业现代化付出了很多努力。

（二）农资电商

以前，交通、物流没有那么发达，农业又根植于我国广大农村，导致农资流通渠道不通畅。现在，随着技术的不断发展，这种问题已经可以避免。互联网是一种更快捷、高效的信息传递技术，打破了时间与空间的限制，起到了连接人和人、物和物、人和物的作用。

当互联网与农资流通融合在一起时，全新的农资电商就出现了。农资电商可以消除农资流通过程中的多余环节，缩短交易链，降低交易成本，最终让买卖双方都能获得更多利益。

对于农资电商来说，取得买卖双方的信任非常重要。这个信任来源于什么？必然是高质量的产品和贴心的服务。此外，农资电商还要为买卖双方提供价值，始终秉承“造富于民，还富于民”的原则。这样才可以建立良好的口碑，形成传播效应，慢慢地变为一个受欢迎的品牌。总之，农资电商要以产品与服务为核心，了解了这一点就可以赢得农业市场。

（三）工业品下行电商

在农村发展电商主要有两种形式：一是通过电商平台将城市中的工业品销往农村，即工业品下行电商；二是让农产品和农副产品走出农村，即农产品上行电商。目前，工业品下行电商发展得比较好。例如，广西兴业县电子商务产业园利用电商平台，通过自建或第三方物流搭建三级服务站点，如图 1–2–2 所示，让工业品下行取得了不错的成效。三级服务站点让工业品下行过程中的“最后一公里”问题得到有效解决，城市中的工业品可以顺利、高效地销往兴业县各个乡村。三级服务站点得到了政府的认可和支持，甚至已经成为兴业县的一个公共品牌，推动了该县农业电商的稳定发展。

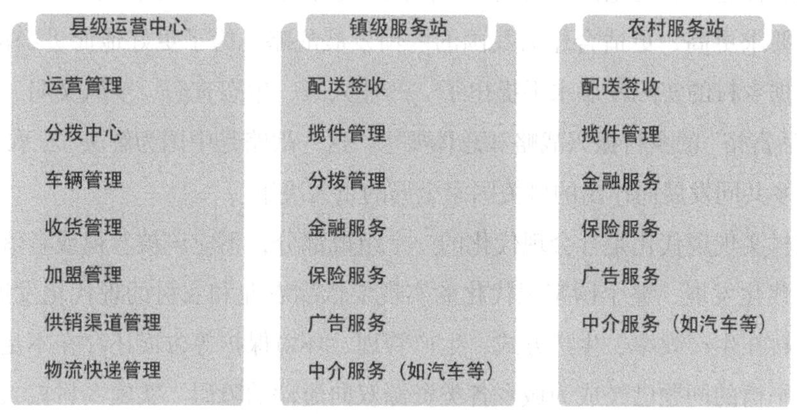

图 1–2–2　兴业县的三级服务站点

（四）生活服务电商

从微观角度看，生活服务电商主要是指基于互联网为人们的生活消费提供服务的电商，可以分为到店服务（如到店餐饮、酒店、影院等）与到家服务（如外卖、家政等）。从宏观角度看，生活服务电商还与旅游、出行、医疗、教育、婚恋、房产、招聘等生活服务行业的互联网化息息相关。滴滴出行、猫眼娱乐是生活服务电商的“领军者”。

如今，人们对生活质量的要求越来越高，虚拟产品的线上交易大受欢迎，消费领域也进一步拓宽。在这种情况下，生活服务电商的潜力逐渐显现出来，可以帮助生活服务经营者更近距离地接触消费者。此外，生活服务经营者也可以借助电商平台实现业务流程改造，为消费者提供更优质、贴心的生活服务，提升自己的盈利能力。

第三节　乡村振兴战略概述

一、乡村振兴的时代背景

“乡村”和“农村”虽然只有一字之差，但所代表的含义并不相同。农村是农民生产、生活的地方；而乡村不是只代表农业，还包括第二、三产业，更突出地区性、社会性、文化性。因此，乡村振兴是全方位振兴，其内涵比农村振兴更丰富，要求更高，更适合作为我国的一项发展战略。为了更好地促进经济发展，我国根据乡村的实际发展水平提出了“产业兴旺、生态宜居、乡风文明、治理有效、生活富裕”的乡村振兴战略和总体要求。这一战略是中国为解决“三农”问题、促进城乡共同发展而作出的事关国家全局的重大决策。

农村实现现代化是社会现代化的一个组成部分，不应该被忽视或者落后于城市的现代化发展，整个国家现代化的实现要依靠农业和农村的现代化发展水平。我国农村在生产效率、生产方式、生产管理、环境保护等方面还存在不足，城乡发展不平衡的问题已经成为城乡各类资源双向流动的障碍。实施乡村振兴战略是解决我国目前发展矛盾的必然要求，是实现全体人民共同富裕的必然要求。

（一）农村依然存在问题

就目前情形来看，由于缺乏竞争力，农村需要进一步改革和发展。年轻劳动力为谋求发展，纷纷迁往城镇，农村陷入萧条、沉寂的状态，这种状态主要表现在以下几个方面：

1. 土地方面

土地是农村和农民的重要资产，但如今我国的土地利用率还有待提高。因为有些农民不注重土地可持续化利用，产生诸如将稻田沥干为菜地，经过一段时间的耕种后又将其闲置的情况。此外，很多农民通常只利用土地种植农作物，难以让土地创造其他财富，这在一定程度上影响了土地的经济价值。

2. 经济方面

随着交通、物流的发展和互联网的进一步普及，农村基本生活成本与城镇基本生活成本的差距逐步缩小，但农村居民的平均收入通常低于城镇，这影响了农民生活品质的进一步提升。而且，农村以发展农业为主，个人收入相对较低，很难吸引高素质人才就业，但是农业对第二、三产业的影响是有目共睹的，所以需要改变农村落后状况。为了解决这些问题，农村地区有必要积极转型，引入新的发展策略。

3. 人口方面

人口方面有两个问题：一是人口减少问题，较重的经济压力使得许多适龄人口不愿意生育，外加大量劳动力向城镇流动，导致农村人口减少，缺乏经济发展的动力；二是人口素质问题，有些农村教育资源相对匮乏，而且创新能力比较弱，难以跟随时代的脚步发展，影响了人口素质的提升。

虽然农村发展面临一些问题，但在政府的正确引导下依然表现出了很大的发展潜力。农村应针对现状制订发展计划，以乡村振兴战略为核心，尽快完成转型。

（二）城乡发展的不平衡

构建新发展格局，要求立足国内大循环，核心是畅通生产、流通、分配、消费等经济活动各环节，它不仅包括城乡之间的循环，也包括各行业、各领域的循环。当前，我国城乡在基本公共服务、网络基础设施、教育、医疗卫生、就业等方面还存在较大不足，这成为资源要素在城乡之间双向流动的堵点。全面推进乡村振兴，打通城乡循环的堵点，有利于加快形成以国内大循环为主体、国内国际双循环相互促进的新发展格局。

1. 经济发展的不平衡

城镇历来是我国经济发展的重点区域，资金、技术、人才等发展要素也都集中在城镇。

久而久之，农村地区的经济发展会在一定程度上落后于城镇，造成城乡发展不平衡的局面。近年来，尽管城乡居民的人均医疗卫生支出均有所提升，但二者之间的差距仍在逐渐加大。无论是医疗卫生投入，还是社会保障方面，城乡之间都存在明显的差距。此外，城市和乡村的教师在数量、质量上也有显著的差异，这导致了城乡学生教育过程的不平等及教育结果上的差距。即便数字技术能够在一定程度上将城市中的优秀教育资源引入乡村，但由于城乡之间教育鸿沟的形成原因具有复杂性，因此这其中仍存在技术应用偏差。

2. 基础设施的不平衡

我国传统的“城乡分治”资源配置方式是导致城乡基础设施建设和公共服务供给失衡的主要因素之一。

在这种资源配置方式的影响下，政府为城镇基础设施建设和公共产品提供资源，而农村则多由农民自行负责。因此，农村的发展速度与城镇存在差距，而且这个差距还在扩大。

3. 收入水平的不平衡

城乡居民收入差距较大。近年来，我国城乡居民收入相对差距不断缩小，但绝对差距在持续扩大。

在收入和消费支出方面，城乡差距虽然也在逐步缩小，但依然较为明显。城乡在教育、医疗、文化等方面的发展有一定差距，城乡居民的人均可支配收入差距也较大。农业发展受自然因素制约，同时农产品利润空间有限，农民理财能力弱，这些因素都制约了农民收入的增加；城镇居民普遍受教育水平较高，收入增长比较快，且投资机会多。

近些年来，在各级政府的领导下，城乡发展不平衡的情况已经得到明显改善，多样的政策扶持对构建和谐社会产生了积极的促进作用，这也从侧面反映了大力实施乡村振兴战略的优势和成果。

（三）巩固脱贫攻坚成果

伴随着改革开放的进程，我国的“三农”问题也得到了逐步改善，粮食生产能力跨上了一个新台阶。

农业供给侧结构性改革不断推进，农民获得的收益越来越多，农村发展得越来越好。这些都显示出我国的脱贫攻坚战取得了巨大成功，促进了社会的和谐稳定发展。

为了巩固上述成绩，我国积极实施乡村振兴战略，希望可以加快农业转型的步伐，完善生态文明建设，提升农民的获得感、幸福感、满足感。

在实施乡村振兴时，我国要以农民为主体，统筹城乡发展，促进社会和谐稳定，这样才符合人民的期盼，并有利于形成城乡互动、人民支持、企业参与的美好局面。

（四）现代农村建设所需

乡村振兴是走中国特色新型工业化、信息化、城镇化、农业现代化道路，促进"新四化"共同发展的基础。

我国是一个具有完整工业体系的国家，制造业规模位居世界首位，总体上已处于工业化中后期，正在向后工业化阶段迈进，城镇化进入高质量发展阶段。新一代信息技术在各个领域得到广泛应用，全国范围内大概有十亿互联网用户，这十亿用户形成了一个强大的数字社会，庞大的网民规模为推动我国经济高质量发展提供了强大的内生动力。但我国农业现代化较为滞后，这一点是"新四化"同步发展的短板。农村土地市场变化滞后，土地流转缓慢，资金和技术缺乏，土地生产成本较高，分散的农户很难在有限的耕地上实现规模经济。多数农民专业合作经济组织是没有产权关系、松散型的自我技术服务性团体，农业产业化经营组织还缺乏系统性和权威性，其内部连接方式没有形成一体，外部没有形成规模，只有自发的意愿，而没有科学的管理手段和经验，这制约了农业产业化经营组织的完善。我国农业现代化水平相对较低，除播种和收割外，其他劳动仍以手工劳动为主。

我国的基本农情是人多、地少、各地资源禀赋不均衡、极端气候灾害频发。同时，我国还面临农业面源污染、疫病防控等压力。

我国作为农业大国，农业、农村、农民都是社会安定和改革发展的基础与依靠。实施乡村振兴战略是解决"三农"问题的重要措施，也是建设社会主义现代化国家的重要支撑。在这个过程中，我国必须注重"木桶效应"的影响。

"木桶效应"指的是要想将一只木桶装满水，每块木板都必须高度相同且没有破损，一旦木板中有一块不齐或某块有破洞，这只桶就无法装满水。而一只木桶能装多少水，不是由最长的那块板决定的，而取决于最短的那块。此外，木板之间的结合是否紧密、牢固也非常重要，若木板间存在缝隙，便无法装水。

在建设社会主义现代化国家这个目标上，每个领域都是关键的“木板”。决定国家综合实力的不只是最出色的行业和发展最快的领域，而是各领域与各行业的综合实力。而综合实力的强弱取决于一个国家是否存在过于薄弱的领域，即劣势决定优势。它警示国家要补齐短板，同时强调各领域与各行业之间要紧密配合。

农业现代化是我国现代化的目标之一，也是其中较为薄弱的环节。我们需要用乡村振兴战略补齐这块短板，让农业现代化为我国经济发展贡献属于自己的力量。

（五）与发达国家有差距

从全球发展水平来看，许多发达国家现代化的水平比较高，城乡发展相对同步，这已经成为这些国家和地区现代化水平的标志和名片。

我国虽然经过四十多年的改革开放，工业化和城镇化水平显著提高，国民经济总量跃居世界第二位，农业粮食产量实现世界第一的目标，但整体上农业农村发展不充分问题仍然突出。

第一，城镇化水平仍待提升，乡村居民生活质量与城镇居民还有较大差距。2020 年年末，我国常住人口城镇化率达 63.89%，但相比发达国家 80% 的平均水平，我国城镇化水平仍然有待提升。

我国 2020 年农村户籍人口仍高达 7.71 亿，其中 2.86 亿农民工由于农村产业发展不足，缺少就业机会，在城市主要从事加工制造、建筑及其他简单服务业，难以获得与城镇居民同等的社会保障和公共福利，城镇化质量仍需进一步提升。

从乡村居民生活质量来看，发达国家乡村居民生活质量和城镇居民相当，城乡收入较均衡。例如，美国的城乡收入比为 1.33∶1 左右，英国、加拿大的城乡收入比接近 1∶1，韩国农村居民人均收入是城镇居民人均收入的 93%。然而，2020 年，我国的城乡收入比高达 2.56∶1。以英国为例，作为全球最早实施工业革命的国家，其乡村的经济发展和产业结构与城市趋同，城乡之间的差距微乎其微。在英国乡村，农林牧渔业的增加值占比较小，而乡村制造业及服务业对经济的贡献较大，创造了大量的就业机会。

发达国家的乡村充分发挥与城市的功能互动，依托自身的禀赋潜能，积极参与城乡产业价值链分工，并拓展乡村居民的增收渠道。而我国城乡经济互动不足，乡村仍然以第一产业为主，产业结构单一，产业链条短，极大地影响了我国乡村居民的增收渠道，降低了乡村居民生活质量。

第二，农业劳动生产率仍有待提升。我国农业劳动生产率远低于发达国家，农业从业人员产生的农业增加值也较低。乡村要想富裕起来，就必须提升农业劳动生产率，增加其他产业的就业渠道和机会。

第三，乡村基础设施建设投入仍需增强，环境保护意识有待提升。近年来，我国已经加大乡村道路交通设施建设、电力通信设施建设、水利设施建设、能源供应设施建设、科教文卫和福利设施建设等基础设施建设，但这些方面均有待进一步提升。

我国乡村的环境问题在21世纪之后才开始受到人们的重视。养殖业发展、乡镇企业发展、过量使用化肥农药、乡村生活污水等造成了严重的乡村环境污染。化肥农药的过量使用不仅使生产成本增加，也影响了农产品质量安全和生态环境安全。乡村生活污水主要包括厕所冲洗水、厨房污水、农田污水、牲畜养殖污水等，生活污水的成分相对复杂，乡村缺乏相应的污水处理设施，污水排放速度远远超过河流本身的自净能力，水体富营养化严重，对河流生态系统造成了巨大的负面影响。即使在“绿水青山就是金山银山”的理念不断深入人心的今天，仍然存在“乱占、乱采、乱堆、乱建”问题。

二、乡村振兴战略的内容

（一）产业振兴

农村产业的振兴是建立现代化经济体系的一个重要环节。现代工业体系是现代化经济体系的一个关键因素。

从城市和农村的地域分布来看，产业体系主要由城市工业体系和农村工业体系共同组成。建立现代农村工业体系是建立现代工业体系的一个重要方面，也是振兴农村工业的一个重要目标。现代乡村产业的核心是现代农业，农业强则国家稳、天下安。自2007年初，受粮食能源化趋势增强、国际金融危机等因素影响，国际谷物出口价格大幅上涨，加上石油价格和运费持续升高，致使全球食品价格急剧攀升，最终导致2008年爆发世界粮食危机，30多个国家发生骚乱，部分发展中国家甚至出现政权危机。实践表明，只有乡村产业，特别是现代农业持续健康快速发展，社会大局才能稳定，经济社会才能实现高质量发展。在产业振兴方面，千家万户分散经营的小农经济难以适应农业现代化的要求，需要通过农民合作方式把分散小农户组织起来，融入现代农业发展中，共同推进农业现代化。

（二）生态振兴

农村生态环境的发展和振兴对于建设一个更加美丽的中国至关重要。良好的生态环境往往分布在村庄。

保护好生态环境是乡村生态振兴的根本任务，是建设新时代中国特色社会主义生态文明的重要内容。“绿水青山就是金山银山”这句话彰显了保护生态环境对于保护生产力的意义，生态环境的改善就是生产力的提高和发展，生态环境的发展和维持是密不可分、共生共荣的。良好的生态环境不止在于自然环境的可持续发展，更是社会经济发展的后续动力。在一些生态环境资源丰富但经济发展相对落后的地区，可以利用土地、劳动力、资产、自然景观等动力大力发展休闲农业和乡村旅游等业态，实现绿水青山中包含的经济水平的发展，既维护了生态环境，又提高了人民的生活水平。美丽中国的建设不能够只关注城市地区的生态环境而忽视广大乡村生态环境，否则美丽中国是不完整的。美丽乡村是美丽中国的底色，只有把乡村建设得更加美丽，人与自然更加和谐，美丽中国建设才有更加坚实的基础。美丽乡村需要通过乡村生态振兴来实现，治理和保护好与农民生活生产活动息息相关的村庄及周边环境是主攻方向。

（三）文化振兴

乡村文化振兴是繁荣社会主义文化的重要组成部分。中华文明根植于农耕文化，乡村是中华文明的基本载体。

在中华文明五千年的历史中，农耕文明璀璨夺目，形成了独具特色的文明发展之路，对人类社会发展作出了重要贡献。《诗经》、唐诗宋词和歌赋中有大量描绘乡村田园生活的作品，中国山水画作对乡野民居多有展现，民间传说及伦理孝道故事不少发生在乡村，流传久远的地方戏曲、少数民族歌舞以及传统工艺品大多反映古代乡村居民的生产生活。中华人民共和国成立后，特别是改革开放以来，随着城镇化的不断发展，城市文明的地位越来越重要，成为现代文明的主流，但乡村文明依然是中华文明的基础。弘扬中华优秀传统文化需要乡村文化振兴的支撑和促进。中国特色社会主义文化建设的基本任务是推动社会主义文化的繁荣兴盛，而乡村文化振兴是社会主义文化在广袤农村大地繁荣兴盛的重要路径。

（四）组织振兴

农村组织的振兴是国家治理和治理能力现代化的一个重要体现。农村组织的振兴与国家治理体系和行政能力的现代化息息相关。

社会治理是以基层治理成果为基础的。应当在农村开展组织工作，完善农村治理的整体效果，确保广大农民能够按照正常的秩序开展生活和工作，农村的社会秩序能够帮助农民更好地开展生产和生活，有助于建立现代社会治理模式，实现共建、共管、共治的最终目的，促进国家治理体系现代化和提升治理能力。

（五）人才振兴

乡村的人才振兴是人才强国战略的重要组成部分。从发达国家的城镇化和现代化历程看，乡村人才持续流向城市、乡村人才队伍不断萎缩是普遍规律。

我国虽然大力实施乡村振兴战略、加快农业农村现代化建设，但同样面临人才流失带来的挑战，需要千方百计培养乡村本土人才，吸引和留住外来人才，大力推动人才振兴。

三、乡村振兴战略的要求

乡村的振兴必须遵循农业和农村发展的优先次序，这个过程中的指导思想是习近平新时代中国特色社会主义思想。

坚持农业农村优先发展，源于农业农村工作的基本情况和重要性，也是当前农业农村发展形势和发展目标的需要。我们必须始终坚持农业农村优先发展的方针，把“三农”问题放在全党、全社会工作的首位，把“三农”工作的干部安排工作放在首位，把保障农业农村的发展配置放在首位，把保障“三农”的发展放在首位。同时，要优先为“三农”配备人员，优先发展农业和农村，优先投入“三农”资金，注重农村公共服务的改善，确保改革的顺利进行，确保农业和农村的发展。

农村的振兴必须在城市和农村发展一体化的背景下进行。为了改善相对发展得比较好的工业城市地区与相对落后的农业农村地区同时存在的状况，改变“城强乡弱”的经济体制，党的十六大提出要统筹城乡经济社会发展。

党的十九大则提出促进城乡一体化发展。城乡统筹发展是指逐渐改变城乡二元经济结构，转变城乡关系，实现城乡共同发展并使双方充分履行各自的职能，实现城乡经济、社会、文化制度和体制的逐渐统一。公共资源在城乡之间均衡分配，生产要素可以在城乡之间双向流动，以形成城乡互补、工农互促、共同发展的新型城乡关系。

农村的振兴要求加快农业和农村地区的现代化进程。只有农村繁荣发展，国家经济才会繁荣发展；如果农村经济衰败，国家经济便无法得到长足的发展。

在推进现代化的过程中可以发现，农业存在短板，农村存在困难。如果我国按照计划实现现代化目标，则最重要的任务是促进农业和农村的现代化。农业现代化和农村发展不是对现有农业现代化或新农村建设的单独延续，也不是对农业现代化和农村现代化的简单补充，而是政治建设、经济建设、文化建设、生态文明建设等诸多方面现代化的有机组合。农业农村现代化就是要在科技发展和制度创新方面取得进步，坚持对生态环境的保护，建立以农业农村为导向、以地方产业为支撑的农民收入持续增长长效机制，积极推动科技发展，促进农业农村可持续发展，使农村产业兴旺、生态宜居、乡风文明、治理有效、生活富裕。

（一）产业兴旺

农村的产业发展是农村发展的基础。只有产业兴旺，农村才能繁荣；只有经济强大，人口才能实现增长。

为了振兴农村，需要发展的不仅仅是农业，而是包括生产的丰收、养殖业的发展三个产业在内的共同发展，是农村复苏的重要标志。中国农业目前正处于需要改变发展趋势、优化经济结构和改变增长速度的关键时期，需要加快农业现代化步伐，发展壮大农村产业，促进农村产业全面振兴，加快从农业大国向农业强国的转变。在农业现代化进程中，我们必须重视农业发展质量和品牌建设，推动农业发展质量变革、效率变革和能力变革，不断提高农业创新力、竞争力和全要素生产效率。做好农业生产的基础，将藏粮于地战略和藏粮于技战略落实，保障国家粮食安全和基础农产品供给能力，中国的粮食供应要把握在中国人的手中。要加快推进农业转型和现代化，优化农业生产力配置，促进农业结构调整，加强特色优势产业，使农产品的质量可以得到保证，培育和发展农业品牌。要建立现代农业企业制度，尊重家庭承包经营的基本原则，建立家庭、集体、合作、企业经营共同发展的新型农业企业制度，发展新型农村集体经济，使得小型农户也可以跟得上现代农业发展的步伐。要完善农业支持保护体系，在支农投入上不断加大力度，推动强化基本农产品收储制度的变革，提高农业风险保障，加快建立新型农业支持保护政策体系。建立农业对外开放的新模式，建立和完善中国的农业政策体系，深化与“一带一路”国家和地区的贸易往来关系，积极发展全球的农产品贸易市场。

农村工业的发展和壮大，意味着必须把发展利益联结机制视为关键，必须把制度、技术和商业模式的创新作为根本的动力，必须促进农村地区第一、第二和第三产业之间的互补，必须加快发展植根于农业和农村的工业体系，由当地农民管理，突出区域特色和农村资产。

要促进农村各部门深度融合，培育农业农村新业态、新模式，打造农村综合发展的新载体、新模式，促进各部门交叉融合、有机结合，使农村一、二、三产业实现现代化，创造附加值，同时从综合发展框架中受益。完善利益紧密联结机制，以提高农民参与一体化的能力为主要出发点，改革收益分享模式，完善农民从产业一体化发展中获得更大增值收益的高利润激励机制。要以放开和振兴农村经济为重点，促进农村创新创业环境的发展，促进和加强创新创业集群建设，构建为创新创业服务的平台，建立创新创业活力机制。

（二）生态宜居

健康的生态环境是农村地区的重要潜能和宝贵的资产。我们应该坚持绿色发展的方向，良好的生态环境可以成为农村复兴的支柱。

近几年来，我国坚持把绿色发展摆在突出位置，大力推行绿色生产生活模式，农村生态环境有所改善，但农业农村环境污染问题依然突出，粗放经营方式带来的资源约束趋紧形势没有根本缓解。我们要坚决贯彻和践行“绿水青山就是金山银山”的生态环境理念，尊重自然、敬畏自然、保护自然，加强山水林田湖草整体生态环境的治理，不断转变农村的生产生活方式，振兴农村生态，营造清洁优美的人居环境、稳定健康的生态系统、生态宜居的美丽乡村，实现人与自然的和谐相处。

拥有良好的生态环境是大多数农民的热切希望，要以生态宜居为关键，推进乡村绿色发展，打造人与自然和谐共生发展新格局。

为推动农业绿色发展取得新成效，应将环境优美和资源可持续利用作为重点，推广绿色农业生产模式、资源减量化、清洁生产、废物利用和生态化生产模式，保障农业未来可持续发展。围绕“打造美丽宜居乡村”这一主题，集中开展农村垃圾集中处理、污水治理和村容村貌整治活动，推动农村“厕所革命”，促进农村环境有计划地连片治理，解决影响农民生活质量的问题。在乡村生态保护与修复上取得新进展，重点统筹山水林田湖草系统治理，优化生态安全屏障体系，健全耕地、草原、森林、河流、湖泊休养生息制度，完善重要生态系统的保护体系，从而促进农村地区生产和生活环境的不断改善，全面提高自然生态系统的功能性和稳定性，进一步加强有机产品的供应保障。要想在发挥自然资源多重效益上取得新突破，重点在于寻找与当地发展相适合的方式发展生态产业、绿色产业和循环经济，加快农村地区自然资本价值的增长，保障农业生态产品的供给稳定增长，重视农业生态服务方面发展的能力，把农村生态资产转化为绿色经济发展资产，使人们把自己种植的“常青树”真正变成致富的路子，让更多的村民享受到生态发展的好处，在生态环境的保护中使经济得到绿色安全的发展。

（三）乡风文明

乡村文明是中华文明的深厚基础。繁荣的农村文化不仅丰富了农村人民的文化生活，为农村振兴提供了精神和智力支持，还在弘扬优秀传统文化、建设中华民族精神家园方面发挥着不可或缺的作用。

要想有效提高乡村社会文明程度，使乡村文明焕发新气象，就要在社会主义核心价值观的引领下，以传承发展中华优秀传统文化为核心，以乡村公共文化服务体系建设为载体，坚持物质文明和精神文明同发展，既要“富口袋”，又要“富脑袋”，培育文明乡风、良好家风、淳朴民风，推动乡村文化振兴，建设互助、诚信、得体、节俭的文明乡村。

要想将乡风文明作为保障，大力发展农村文化，提升农民精神风貌，关键在于以下几点：一是加强农村思想道德建设，持续推进农村精神文明建设，倡导科学文明生活，不断提高乡村社会文明程度；二是弘扬中华优秀传统文化，以乡村文明为基础，对城市文明及外来文化去粗取精，在创造性转化、创新性发展时不忘保护传承，不断赋予传统文化新的时代内涵，丰富其表现形式，为增强文化自信提供优质载体；三是丰富乡村文化生活，推动城乡公共文化服务体系融合发展，增加优秀乡村文化产品和服务供给，活跃繁荣农村文化市场，为农村居民提供优质思想食粮。

（四）治理有效

要想实现乡村振兴，就必须巩固乡村振兴基层基础，维护乡村社会和谐稳定，实现乡村有效治理。目前，乡村正处于社会转型的关键时期，然而面临人口老龄化、村庄“空心化”、家庭离散化态势加剧等现状，且仍未彻底解决农村基层党组织软弱涣散问题。

国家治理离不开乡村治理的有效展开，推进乡村治理体系和治理能力现代化，必须把夯实基层基础作为固本之策，建立健全党委领导、政府负责、社会协同、公众参与、法治保障的现代乡村社会治理体制，推动乡村组织振兴，打造充满活力、和谐有序的善治乡村。加强农村基层党组织对乡村振兴的统筹领导，建设农村基层党组织坚强堡垒。深化村民自治实践，推进乡村法治建设，提升乡村德治水平，建设平安乡村，促进自治、法治、德治有机结合。加强基层政权建设，创新基层管理体制机制，完善农村基层服务体系，巩固基层政权。

以治理有效为基础，加强农村基层基础工作，构建祥和安定村庄，关键在于抓实强化农村基层党组织，充分发挥党组织领导作用，推动农村基层党组织全面进步、全面过硬；妥善处理农民群众合理诉求，调和化解乡村矛盾纠纷；严厉打击各种违法犯罪行为，深入推进平安乡村建设，全面防范和化解农村不稳定因素。健全乡村治理工作体系，还需准确把握县、乡、村三级干部在“三农”工作中的职能定位。

县级是“一线指挥部”，不论是贯彻落实“三农”工作任务，还是化解农村各类矛盾问题，都是最关键的环节。乡镇是为农服务中心，是面向农村、服务农民的区域中心。结合实施乡村振兴战略的关键，要充实乡镇在农村人居环境整治、宅基地管理、集体资产管理、民生保障、社会服务等方面的工作力量，为农民提供基本的公共服务和比较完备的生产生活服务。行政村是基本治理单元，是村民自治的主要载体，要强化自我管理、自我服务、自我教育、自我监督，健全基层民主制度，完善村规民约，推进村民自治制度化、规范化、程序化。

（五）生活富裕

生活富裕既是乡村振兴的根本，又是实现全体人民共同富裕的必然要求。当前，农民持续增收形势严峻，城乡区域发展和收入分配差距依然较大，农村基本公共服务标准不高、城乡差距较大等问题仍很突出，农村基础设施和民生领域还有很大不足，脱贫攻坚任务并不轻松。

乡村振兴的根源和目的是让亿万农民过上幸福美好的新生活，在共同富裕的道路中赶上来、不掉队，在共建、共享发展中有更多获得感。

以生活富裕为根本，加强农村公共事业投入，提高农民获得感，关键在于稳定和拓宽农民增收渠道。

近年来，在强农惠农富农政策支持下，农民人均可支配收入保持着较快增长势头，增速持续超过国内生产总值（GDP）和城镇居民收入。但在经济下行压力增大的背景下，农民增收形势不容乐观，必须稳定现有渠道，拓宽增收途径。要发展富民乡村产业，把依托农业农村资源发展的二、三产业尽量留在农村，把农业产业链延伸的增收收益和就业创业机会尽量留给农民。稳定农民工就业，大力支持农村创新创业，挖掘农业农村内部就业潜力，发挥龙头企业的作用，带动更多的农民就近就地转移就业。深入推进农村集体产权制度改革，深化农村土地制度改革，推动资源变资产、资金变股金、农民变股东改革，盘活农村资源资产，探索农村集体经济新的实现形式和运行机制。

此外，还应重视农村基础设施建设和社会事业发展，改善农村交通物流设施条件，加强农村水利基础设施网络建设，构建农村现代能源体系，夯实乡村信息化基础，推动农村基础设施建设提档升级。

以实现农村基本公共服务从有到优的转变为目标，促进公共教育、医疗卫生、社会保障等资源向农村倾斜，优先发展农村教育事业，推进健康乡村建设，加强农村社会保障体系建设，提升农村养老服务能力，不断增加农村公共服务供给，在农村居民幼有所育、学有所教、劳有所得、病有所医、老有所养、住有所居、弱有所扶等方面持续取得新进展。

四、乡村振兴的时代意义

乡村振兴战略是符合我国国情和发展需要的战略，对我国诸多方面的进步有着重大意义。

（一）重构乡土文化

我国人民普遍有很深的乡土情结，我国传统文化更是根植于乡村，乡土、乡景、乡情、乡音、乡邻、乡德等一系列词语都是这方面的体现。

在中华优秀传统文化中，乡土是一个非常重要的元素，也是一个不可缺少的基本内核。我国实施乡村振兴战略的目的之一就是重构乡土文化，使其回归并超越乡土中国。

（二）解决“三农”问题

目前，我国社会的主要矛盾为人民日益增长的美好生活需要和不平衡不充分的发展之间的矛盾，而影响着国计民生的根本性问题则为农业、农村、农民的“三农”问题，实施乡村振兴战略则能很好地解决“三农”问题。

首先，实施乡村振兴战略能够“富业”。《中共中央国务院关于实施乡村振兴战略的意见》（2018 年中央一号文件）提出，必须坚持质量兴农、绿色兴农，以农业供给侧结构性改革为主线，加快构建现代农业产业体系、生产体系、经营体系，提高农业创新力、竞争力和全要素生产率，加快实现由农业大国向农业强国的转变。这就必须在科技上下功夫，强化乡村振兴科技支撑，完善科技成果转化激励机制，促进科技成果转移转化，着力解决科研和生产“两张皮”及科技服务“最后一公里”的问题。

由此可知，科技对于农业发展有重大作用，而乡村振兴战略的着力点之一便是农业与农村的现代化。

“互联网 +”乡村振兴工程，能以科技助力农村发展，发挥先进技术在生态、文化等方面的价值，满足农民日益增长的需求。

其次，实施乡村振兴战略能够“富村”。农村不兴旺，农民便难以富裕。而实施乡村振兴战略可以使生产、生活、生态“三生”协调发展，同时令农业、加工业以及现代服务业融合发展。

农村兴旺程度最终随着农业发展而上升，使农民从中获利，农村能够留住人才，进而形成良性循环。

最后，实施乡村振兴战略能够“富民”。农村地区的创新创业能力弱、贫困人口比较多，而实施乡村振兴战略能够构建长效机制，推动城乡产业融合发展，带动农民通过创新创业摆脱贫困，使农村走上现代化的发展道路。

综上，农村必须坚持实施乡村振兴战略，通过“富业”“富村”“富民”这“三富”，彻底解决“三农”问题。

（三）弘扬优秀传统文化

我国有着几千年传统的重农思想，在这个过程中，农村积淀了优秀的传统文化及灿烂的农耕文明，它们是中华优秀传统文化的根系。这决定了乡村振兴对文化传承的重要性。

如今，农村地区的文化主体和文化生态陷入急需传承与振兴的状态。乡村振兴对传承与弘扬文化有以下两方面的作用：

一方面是缩小城乡之间的文化发展差距。城乡在文化方面的地位不均等，关于文化的公共服务供给不平衡，农村地区的文化产业发展不充分，而乡村振兴能有效改善这些问题，带动农村地区的文化发展。

另一方面是继承与振兴乡村传统文化。我国的乡村传统文化博大精深，振兴乡村文化能够使农村重新焕发生命力，将我国传统文化中的精华部分“唤醒”并“活化”，使其在数字化时代得以延续、传承。而这些优秀的精神品格、精神血脉与文化基因能够为乡村振兴注入新的活力。

（四）解决粮食安全问题

农业是农民的根基，振兴农业是振兴乡村的基础和前提，其核心目标是确保国家粮食安全。

实施乡村振兴战略能够使农业迅速发展，从而提高农作物产量。作为人口大国，我国对粮食的需求量极大，粮食安全是国家安全的基础条件。

乡村振兴战略能够强化科技农业、生态农业与智慧农业，给予耕地红线保障，从根本上解决我国粮食安全问题，使自身免受国际粮食市场的影响，“把中国人的饭碗牢牢端在自己手中”。

目前，农业的综合效益比较低。要解决此问题，我国应将改革重心放在农业供给侧结构性改革上，将农业政策的重点从增产变为提质，注重农业及农产品的质量、品牌，以科技带动农业发展，打造具有无限生机的可持续发展农业。

第二章　乡村振兴背景下农村电子商务的发展模式

本章为乡村振兴背景下农村电子商务的发展模式，共分为三节。第一节为农村电子商务发展模式概述，第二节为乡村振兴背景下农村电子商务发展模式的优化，第三节为乡村振兴背景下农村电子商务的人才培养路径。

第一节　农村电子商务发展模式概述

一、农村电商发展模式的分类

随着互联网的快速发展以及物联网、大数据、云计算等新技术的广泛使用，各类电子商务的主流模式不断涌现和创新，跨境电商、直播电商、社群电商在农村电商中的作用越来越广，为农产品的上行发挥了越来越大的作用。

B2B、C2C、B2C、O2O 等传统模式不断更新迭代，农村电子商务紧跟新业态开始多样化发展，“互联网＋旅游”“互联网＋一二三产业融合”等连接成一个有机整体，农村电子商务整体的电商生态圈已经形成，电商服务的机构和功能日益完善。个体化的运作已经远远不能满足农村电子商务的发展，电子商务的发展进入新的阶段，新业态不断涌现，因此急需专业的电子商务服务，包括资源整合、供应链整合、农产品信息化、仓储冷链、摄像、美工设计、运营推广、品牌建设推广、物流快递、人才培育等专业化服务。

同时，随着电商新业态的发展，跨境电商、直播电商、社群电商也快速融入农村电商的发展，农村电子商务产业链也开始不断延伸，专业的产业链各节点的人才和服务不断完善，各自分工明确，从单一地利用电子商务平台销售农特产品向复合模式转变，线上线下融合的趋势正在加速，各个农村电商发展的模式也层出不穷。

（一）农村淘宝模式

农村淘宝是阿里巴巴公司千县万村计划的战略项目，以阿里巴巴集团的C2C淘宝电子商务平台为基础，于2014年公司上市后正式启动，主要内容为阿里巴巴公司在与地方政府深度合作的基础上，共同搭建县级和村级两层农村电子商务综合服务体系，一层是在县一级建立县级电子商务服务中心，另一层是在农村一级层面建立村级电子商务服务站，充分利用淘宝平台的优势，开展工业品下行和农产品上行，为农村解决物流、信息流和资金流的瓶颈，实现上行和下行双向流通。浙江省桐庐县是阿里巴巴“农村淘宝”的第一个合作试点。合作的政府方提供产地、人员、政策、宣传和资金支持，在县级电子商务公共服务中心负责县级区域内农村淘宝的管理、考核和业务的扩展。阿里巴巴方面主要负责将农村淘宝电子商务模式注入农村市场，建立完整的农村淘宝电子商务生态链和服务圈，招募农村淘宝的合伙人，开展相关业务的培训，重点开拓农村市场。村级农村淘宝服务站的业务核心是为村民提供代买卖和快递的代收发服务，一方面服务村民从淘宝平台购买商品，开拓农村市场，另一方面服务村民将农特产品在公共淘宝平台进行网上销售，将农特产品推向城市。但在实际的运作中，总体上工业品下行的成效比农特产品上行的成效更大。随着农村人员素质的提升，网络购物所具备的能力要求越来越高，需要村级淘宝服务站帮助购物的需求越来越少。在农特产品上行方面，村级农村淘宝服务站无法满足农特产品上行所需的服务，村级服务站的合伙人的盈利点较为单一，具体的业务无法满足合伙人的增收需求。因此农村淘宝的商业模式、服务模式和盈利模式需要继续创新。

（二）京东模式

京东农村电商模式和阿里巴巴农村淘宝模式各有不同，但都围绕着工业品下行、农特产品进城上行以及相关所需的农村金融服务三个方向开展。京东农村电商模式重点开展了3F战略，主要包括工业品下行进农村战略、以农特产品上行为主的生鲜电子商务战略和农村金融服务战略。京东农村电商以京东平台直营模式为主，通过建立县级农村电子商务综合服务中心的京东帮服务点，构建了一个覆盖农村金融、京东帮、特产馆、乡村推广员、县级服务中心、农资电商及网络大数据等多个板块的，完整而厚实的“农村电商”体系，形成了目前战略成熟、体系较完善、覆盖较广的农村电商模式。在直营的县级农村电子商务综合服务中心建立区域性的资源整合，建立完整的供应链，依靠其电商强大的分销能力在农村市场搭建新三农的生态链，包括县级农村电子商务综合服务中心和京东帮服务店的完整配送。涵盖了工业品下行、农产品上行、农资电商和农村金融等范畴的完整电商战略服务，通过电商进入农村，占领渠道。其中京东的县级农村电子商务综合服务中心是核心，是京东开展农村电商最为关键的平台。这个平台承担了为农民购物下单、招募乡村推广员、培训乡村推广员和营销推广等功能，乡村推广员是京东在农村地区全面铺开农村电商生态经济的基础网络，是开拓农村市场的关键。京东农村电商模式中的京东帮是工业品下行的主要平台，通过加盟合作的方式，实现了农村消费市场的布点，完成了“渠道下沉”，借助自身的供应链优势、直营的物流优势，打通4—6级市场，占领农村消费市场。和淘宝农村电商模式一样，京东农村电商模式中工业品下行的成效大于农特产品上行的成效，作为B2C电子商务的自营平台，要实现农特产品的整合和采购，真正助力农特产品进城，为农民增收，需要做出更多的努力。

（三）淘实惠模式

淘实惠农村电商的模式是让县域成为农村电商的中心，构建本县域的电子商务平台和本地化的县域电商的生态圈和集聚区，形成本地化的县域自我循环、自我发展和自我创新，围绕本地流通体系的电子商务生态小系统，让更多的电商数据、电商人才和产品留在县域，在县域内形成“资金流、信息流、物流、商流”的流动和转型，实现本地产品流通的信息化，并于外部建立生态链接，在此基础上构建面向全国范围的“资金流、信息流、物流、商流”流通大生态系统，实现各县域特色农产品在全国的流通。在借助淘实惠平台的地方馆完成本地县域“四流”流通的基础上，向全国拓展。

（四）乐村淘模式

乐村淘模式是一个线上线下双向整合的供需平台，重点建立“四流”循环系统，将工业品、资金、城市信息和服务通过“双向O2O”平台即时输送到广大农村，同时又把农村的农业信息、农特产品等信息双向输送到城市，实现农村和城市的无缝对接，让“四流”在城乡之间快速流动，实现城乡之间的即时连接，让农村、农民、农产品与城市消费者直接面对面交流，通过网络化和产业化带动农业的信息化，建立“网络＋公司＋农户”模式，让农民成为主体和主导，通过整合农特产集中采购，完善农特产供应链，建立农特产流通仓储服务体系，减少中间环节，直接高效地将农产品交付给客户。

二、农业电商的成功模式

以前，农业以一种相对粗犷的方式发展，虽然对经济发展有贡献，但局限性也很明显。

如今，农业通过与电商融合实现了转型升级，其信息化发展也上升到一个更高的水平。在农业电商方面，浙江遂昌、临安、海宁，以及河北清河为其他地区做出了榜样。

（一）浙江遂昌模式：智慧供应链管理

为了顺应时代发展，浙江遂昌站在了“互联网＋农村”和农业电商的高地上，与当地企业共同成立了网店协会，打造了一个集良好环境、美丽经济、特色文化于一体的生态圈。遂昌在政府的支持下组织农产品线上销售，创建智慧供应链管理体系。

从整体上看，遂昌的农业电商模式主要包括以下四个关键点：

（1）政府、网商、服务商、供应商共同参与农业电商发展，建立信息共享机制。

（2）组织电商公共服务培训，让大家学习先进的电商知识和电商理念。

（3）通过网店协会邀请专家为从业者提供商业策划、产品拍摄、品控包装、页面设计等服务，形成完善的农产品上行体系。

（4）通过网店协会建立便民服务体系，开设赶街服务站，解决农业电商中的支付、物流、售后等问题，形成完善的工业品下行体系。

我们可以从遂昌的农业电商模式中了解到，做农业电商不等于农民开网店，要坚持让专业的人做专业的事。也就是说，农民想要开好网店，就需要不断提升自己的能力，丰富自己的电商知识储备，更新自己的电商理念，同时还要积极与当地政府和各类组织达成合作。

（二）浙江临安模式：线上线下齐头并进

浙江临安在坚果炒货等农产品方面很有优势，该地区利用优势，再结合邻近省会城市杭州的区位优势，大力推进县域电商发展。

临安有很多高品质农产品，这些农产品的产量很高，在电商平台的销售业绩也十分亮眼。

为了充分利用和发扬自己在这方面的优势，临安积极促进城乡村企联动，坚持线上与线下相互配合，在线上借助电商平台销售坚果炒货，在线下建立“两镇一园多区”，即龙岗坚果乐园小镇、白牛电商小镇、临安电子商务产业园、多个电子商务集聚区。此外，临安不断完善区、镇、村三级电商公共服务配套体系，建立上百个电商服务站点。为了更好地推动农业电商发展，临安强化政策扶持，出台“1+3”扶持政策，将农业电商作为重点扶持项目，同时与高校、电商服务机构合作，培养了一批高素质电商人才。

（三）浙江海宁模式：以农业电商实现转型升级

海宁是我国非常著名，也很受欢迎的皮草城市，一直追随时代的步伐推动农业电商发展。目前，该地区已经开设了上万家网店，新增超过 5 万个就业岗位，被授予“浙江省首批电子商务示范市”和“浙江省电子商务创新样本”的称号。

在分析海宁的农业电商模式时，我们可以从“三个一”“三个新”“三个优”入手。

第一，立足“三个一”，有效促进农业电商发展。

（1）绘制一张农业电商发展蓝图。海宁出台了《海宁市电子商务发展规划》《海宁市加快电子商务发展扶持办法》《海宁市加快电子商务发展实施意见》等一系列政策，投入大量资金为符合条件的电商企业提供补助或奖励，将自己打造为全国农业电商强市。

（2）培养一支电商人才队伍。海宁积极引导各类培训机构与电商企业合作，依托高职院校建立电子商务人才培养基地，培养一批有实际操作能力的电商人才。此外，海宁还会不定期邀请专家、学者、电商精英为从业者授课，共同探讨农业电商发展的新趋势。

（3）搭建一批网上交易平台。海宁依托皮革、经编、家纺三大产业打造网上交易平台，开辟了线上线下联动的新模式，为推动特色农产品跨城销售创造了有利条件。

第二，着眼“三个新”，加快推动农业电商融合。

（1）拓展农业电商应用新领域。海宁将农业电商拓展到外贸、科技服务、旅游服务、农副产品等领域，积极促进线下交易，助力各类企业稳定发展。

（2）开拓农业电商新阵地。海宁利用自己的生态资源搭建电商平台，开展“电子商务进万村工程”，对电商企业给予扶持，为农产品线上销售创造良好的政策环境。

（3）营造农业电商发展新氛围。海宁组织开展各类活动，成立农业电商协会，丰富农业电商培训，举办农业电商大会，加强农业电商信息统计和采集，使农业电商氛围不断优化。

第三，打造“三个优”，积极推进农业电商集聚。

（1）建造优质的电商园区。海宁的电商园区以城市为中心，带动周边镇（街道）的集聚发展，充分利用自己临近杭州的区位优势，助力电商企业合作。

（2）培育优秀的龙头企业。海宁支持实体企业积极“触网”，创建线上销售渠道，尽快向“品牌运营 + 线上销售 + 标准化生产基地”的精细化管理模式转型。

（3）构建优质的服务体系。海宁依托产业集聚优势，引入第三方服务平台和服务商，使农业电商服务体系得到完善，进一步提升了自己的农业电商服务水平。

海宁充分利用自己的优势，积极搭建农业电商体系，通过先进的技术和商业模式推广本土化农产品，宣传区域形象，有效促进了特色产业与网络经济的融合，使农业电商呈现良好的发展态势，在推动乡村振兴领域开展了有效实践。

（四）河北清河模式：建设最具特色的商业群体

河北清河羊绒产业基地是我国最大的羊绒产业集聚地，被誉为“中国纺织名城”。清河以羊绒产业为核心，大力实施品牌战略，将基础设施建设作为重要发展对象，以实现羊绒产业在农业电商领域大爆发为目标，注重羊绒质量监管和企业口碑建设，借助电商平台将自己转型为“淘宝村”。

清河的农业电商模式以羊绒产业为核心，目前已经涵盖羊绒、汽车配件、硬质合金等诸多领域。该地区在众多电商平台开设上万家网店，相关从业者近 6 万人，年销售额已经达到 10 亿元级别，而且还入选了“中国电子商务百佳县”。

清河在发展农业电商方面有着独特见解。例如，引进网货供应、物流快递、电商人才培训、研发设计、摄影、美工等方面的专业机构，保证从业者能够以最快的速度、最低的价格享受最优质的服务。这些措施有效地提高了清河在农业电商领域的竞争力，促进形成城乡齐头并进、协调发展的格局，打造了全国独具特色的“专业市场 + 农业电商”模式。

第二节　乡村振兴背景下农村电子商务发展模式的优化

一、构建公共服务平台

近年来，随着中国互联网的快速发展，中国农村网民的数量急剧增加。到 2020 年 3 月，农村网民的数量已经突破了 2.5 亿人。

农民已经适应互联网大背景下的生活方式，网上购物已经成为农民生活的一种常态，同时也有更多的农民除网购外还在各类电子商务平台开设网店和就业。总体上，中国农村互联网和电子商务相关的基础设施越来越完备，越来越多的工业品通过电子商务走进农村，基于互联网的相关服务在农村也越来越完善。互联网和电子商务已经改变了农民的生产、生活方式，也改变了农民的消费习惯。农村电子商务的发展不仅仅在于体量的快速扩张，更在于发展质量的提升，同时也改变了农村的文化环境。总体上看，中国农村电子商务的发展成效非常显著，但是也存在一些不足，比如说，农村电子商务公共服务平台无论是硬件还是软件都还不完善，更多建在县级层面，乡级和村级层面欠缺，基本上还没有通过农村电子商务公共服务平台形成电子商务产业链的集聚以及集聚效应。除了公共服务平台外，农村涉农电子商务供应链的整合水平也较差，物流快递成本高，冷链系统不完备，电子商务专业人才缺乏。因此，在农村电子商务新的发展阶段，必须加强县乡村三级电子商务公共服务平台建设、县乡村三级农村流通基础设施建设和物流体系建设，推动乡镇涉农商贸发展，畅通城乡双向流通渠道，实现工业品上行、农产品下行双向跨越式发展。

通过电子商务实现工业品下行，对于改变农村生活和消费习惯，方便农村购物起了重要的作用，但是对于农村发展、农村产业的振兴以及农民增收致富而言，农产品的上行最为关键，而农村电子商务公共服务平台及服务体系的建设是农产品上行的重要依托，更是农村发展电子商务的关键和核心。

通过农村电子商务公共服务平台，打造县域（县、乡、村三级）电子商务产业链集聚区，形成完备的电子商务产业链各节点上的配套服务，围绕各地农村特色产业，培育区域网络公共品牌和网络产品，提升产业电商化水平，促进乡村振兴战略实施。

目前，农村电子商务公共服务平台建设的情况为：第一，大部分的县域地区都已经初步建立了县、乡、村三级电子商务公共服务体系和电子商务服务功能。第二，目前建立的电子商务公共服务平台和电子商务服务体系大都流于形式，服务功能不完备，服务企业和电商专业人才缺乏，没有真正进行市场化运作，特别是乡级和村级层面的服务功能基本无法满足农村电子商务发展的需要。同时，服务平台和服务体系没有和当地主打产业相结合，对于当地农村产业的发展无法形成有力的支撑。第三，目前建立的电子商务公共服务平台和电子商务服务体系更重视工业品下行，农特产品上行的服务和下行不同步。各方企业更愿意在工业品下行领域投入，这就导致农产品上行服务投入不足，这就需要政府层面的统筹推进。

农村电商要以县级农村电商公共服务中心为核心，为电商行业提供政策保障、法律服务、组织管理、市场引领、技术支持等服务，指导乡、村级电商公共服务站工作。

各级政府要积极支持鼓励社会各界人士从事电商事业，为繁荣电商事业作贡献。

各级政府要依据国家振兴新农村政策法规，指导农民进行改革，鼓励农民充分利用农村电商平台为自己从事的产业服务并带来可观的经济效益。鼓励农民利用电商事业推销农副土特产品，活跃农村经济，指导并引领农民利用电商平台推销自己生产的优质农产品。但前提是要做好农产品加工、包装、储运、电商销售等环节的具体服务工作，加速完善农村公路建设和互联网覆盖工作，为农产品进入流通环节打开通道。

农村电子商务公共服务平台作为县域农村电商的支撑，是发展农村电子商务最为关键的也是必不可少的载体。

农村电子商务公共服务平台通过组建农村电子商务公共服务平台综合性服务团队，主要企业、网商及农民则通过建设线上线下融合的公共服务体系，提供农村电子商务产业链各节点的服务，包括提供电子商务咨询、电子商务运营、电子商务营销推广、农特产品网络品牌打造、摄影美工、物流服务等，通过服务平台提高当地涉农企业与农村网商的电子商务运用技能，助推电子商务现有市场主体的发展，并培育更多的电子商务创业者，通过产业链优化与政策扶持进而突破发展瓶颈。

县域农村电子商务公共服务平台建设的内容主要包括以下几点：

一是进行资源整合和落地工作，实现电子商务产业链各节点的集聚效应，牵头开展农产品品控标准、物流标准、冷链标准、电商服务标准等标准建设，规范服务流程。

二是制定具体细化的电子商务运营推广实施方案；与第三方平台进行对接，获取更多的第三方电子商务平台资源，落实上级各项政策，深入挖掘本地特色产品，组织特色企业入驻县电子商务公共服务平台，着力于农特产品网络品牌打造，全面提升当地农特产品的区域品牌、知名度和价值链。

三是整合全县特色产品、特色产业，通过培训加孵化，为特色农产品及特色产业产品提供价值提炼、品牌包装、宣传推广、市场营销、公共关系等方面的服务支撑。整合当地网商及优势产品资源，建立具有当地产业特色的创业孵化平台，提供农特产品创业供应链平台，为电子商务创业群体提供“低门槛、零库存、低风险”的产品资源和服务资源。

四是引导企业进行产品研发、品牌营销推广、美工设计等工作，打造县电商核心品牌，形成以县优势品牌牵引，依靠良好技术平台支撑，具备持续良好运营能力的电子商务农村运营体系。

五是积极协调交通、邮政、供销、仓储、商业网点等物流快递资源，多形式、多渠道、多类型发展快递物流服务业，引导物流快递企业在乡镇建立配送门店，在行政村建立快递服务点，开展集中快速和便捷的配送服务。

六是建立县域农村电商人才的培育及培训体系。采取多种方式，加强对政府机关、企业、合作社工作人员、退伍军人、农村致富带头人及网店经营者、创业者的电商知识培训和后续的电商专业服务，通过系列培训和服务，提升电商实际操作能力和网店运营水平，培育和壮大县域涉农企业、网商群体和从业者群体，通过服务平台实现各类资源的整合和涉农企业、网商群体和从业者的抱团发展。

二、建设商务产业园

农村的电子商务发展和城市相比存在许多制约因素，首先，农村的思维方式较为固化，习惯于传统的生产和生活方式，接受新事物的能力不足，而且大部分年轻人都流向了城市，留在农村的人以妇女、老人和小孩为主，这三类群体对于振兴乡村的建设能力、知识技能和行动力不足，对于互联网及相关的技术，特别是电子商务的认识薄弱，无法成为承担农村电子商务发展的核心骨干；其次，和城市相比，农村基础设施建设相对薄弱，特别是发展电子商务的软硬件设施严重缺乏，需要政府统筹资源，整合电子商务平台企业、大型传统企业和第三方物流服务企业，共同投入更多的资源和资金。

大多数农民和合作社在本身电子商务技能缺乏的情况下，还缺少电子商务专业服务的机构、企业，因而在发展电子商务时无从下手，缺乏求助的渠道。而农村电子商务产业园和农村电子商务创业基地就是通过电子商务全产业链各节点的集聚，让农村电子商务产业园成为涉农信息流、资金流、物流、商流和人才流的集聚区，形成集聚效应，全力助力农村电子商务的快速发展。

从 2017 年的中央一号文件开始，国家对地方农村电子商务产业园的建设越来越重视，支持的力度也越来越大，系统性的配套政策也越来越精准。

2017 年中央一号文件提出“鼓励地方规范发展电商产业园，支持农产品电商平台和乡村电商服务站点建设”。农村电子商务产业园的建设是发展农村电子商务的一个有力抓手，包括推动农村电商产业集聚发展，大力培育电子商务市场主体，支持龙头企业、重点电子商务企业快速发展，培育更多销售农特产品的网商群体，全面推进电子商务在农村的快速发展和应用，积极营造农村电子商务行业氛围。通过农村电商产业园集聚涉农电子商务产业链的各个节点，实现电商数据指导农产品种植、生产和加工，实现农产品的集散和网商供货，实现农产品的品牌孵化，实现农产品的仓储和冷链保存，实现低成本的快递物流以及基于各产业链的电子商务的配套服务和电子商务企业及人才培育。

三、构建物流配送体系

建设农村电子商务物流配送体系有以下几种方式：

第一，加大资金投入。首先，鼓励民间资本投资。随着科技的不断进步，信息时代已然到来，物流和电子商务已经成为我国发展最快的两个行业。它们的发展水平不仅关系到国家未来的产业竞争力，而且关系到人们对网络购物等新兴消费方式的态度，同时极大影响了电子商务的未来发展潜力。在此背景下，国家必须鼓励民间资本投资物流业，开放市场，以提高物流相关企业的市场竞争力。当今中国已经将物流业纳入重要的产业政策。物流作为国民经济新的增长点，必须不断完善相关企业的管理制度。为了更好地推动现代物流业的发展，既要让物流业的潜力展现在民间资本眼前，又要充分发挥电子商务产业对物流业的促进作用。其次，加快物流组织结构变革。中国物流企业发展时间短，管理人员少，目前企业业务水平较低，组织结构不够完善。要想发展电子商务，物流业发展至关重要。随着时代的不断进步和发展，市场和企业逐渐完善和成熟，一些灵活分散的企业结构已经无法跟上现代物流发展的脚步，效率低下、决策失误等问题愈发不容忽视，这对我国物流相关企业的发展提出了加快企业组织转型的要求。物流企业可以提高物流高峰期间的运转效率，以此减少库存堆积，还可采取减少管理层级等政策。再次，引领物流向规范化道路发展。科技的快速进步使得电子商务发展迅速，在成本、安全性、运输效率等方面，我国提高了对物流行业的要求。为满足国家需求，物流行业必须走上规范化道路，通过规范化运作来保证货物安全，最大限度地减少不必要的中间环节，以此来降低成本。要想在现代物流企业中立足，规范化物流的实施是不可或缺的一步。

第二，推进农村网点建设。首先在市、县、村建立完善的“三级”配送网络。传统农村物流资源配置并不合理，网民需要亲自前往物流设置的网点超市取货，没有足够的物流配送服务水平。因此，各个物流公司可以进行资源整合，以当地经济情况和地理位置为基础，整编物流服务网点来形成综合物流服务站。综合物流服务站为网民提供信息管理、物流配送等综合化物流服务，有效减少资源浪费，提高农村物流服务水平。近年来，我国不断推进“万村千乡”工程，农民在全新农村物流体系中体会到了前所未有的便捷和顺畅，这也促进了整个物流体系的发展和完善。在建立农村农产品配送体系的过程中，也应不断对其进行完善，吸引和集聚大型综合性物流服务供应商，建立以连锁经营模式满足日常需求的物流配送中心。此外，农药、化肥等行业的生产模式同样需要改变，通过整合利用农业生产资料来建立统一的物流配送中心和标识，形成连通城乡的物流建设体系，并提高对网络的利用率，以此提升物流使用效率。其次，建立健康、全面的农村物流配送体系。近年来，我国城市的物流体系建设已十分完善，在满足当前物流发展需求的前提下，相关设备不断朝专业化和现代化方向迅速发展。然而我国农村居民较为分散，电子商务物流数量有限，资金投入的缺乏导致农村物流无法形成一定的规模，其物流体系也不够完善，各种条件无法与城市相比。应当按照城市配送体系运作来促进农村物流体系的发展，在农村建立固定的物流配送点，保证货物的 100% 配送交付。不仅如此，还可以对不同颜色的集装箱仓库加以利用，用来分类存放货物和供应物品。农村物流配送体系的健全对农村物流体系网络建设起着关键性的促进作用，物流门店的快速推广也得以实现。再次，建立物流联盟。农村发展电子商务至关重要的一步是支持信息资源，因此政府相关部门应继续加强农村通信技术设施建设，积极构建物流通信平台，具体实施可从以下几个方面入手：一是整合农村物流信息。乡镇网络的流通性应被物流的相关企业充分利用，促进城市商品流向农村，同时也使农村农产品流向城市，以此实现产品的双向流通。二是打造农村信息发展平台。农村供应网点除了保证农民买到优质低价的产品之外，还能将农产品运输到城市销售，大幅度降低物流成本。因此，相关部门应密切关注市场监管体系的完善进度，以此保证农产品的有效流通。三是开展信息化培训工作。我国部分农民缺乏信息技术、网络技术等方面的知识储备和操作能力，因此必须积极开展对农民的信息化培训工作，为农村的电子商务发展奠定基础。

四、建立农产品冷链物流

近几年，随着电子商务的快速发展，特别是涉农电子商务的井喷，客户和商家对冷链物流的要求和需求越来越高。

冷链物流环节多、成本高、供应链长，主要解决了农特产品易腐烂的问题，提高了对保存温度有特殊要求的产品的保鲜能力，在不影响产品质量的前提下，通过冷链物流解决了特殊产品的长距离运输，也大幅度降低了对温度有特殊要求的产品的运输成本，延长了产品的保存期限。中国的农产品冷链物流将成为未来的“新风口”。

2012 年，京东商城、1 号店、沱沱工社等电商相继试水冷链物流业务，冷链新兴业态露头。2013 年，生鲜电商迅猛发展。

据不完全统计，目前中国的传统冷链物流企业超过万家，冷链物流生鲜电商超过 4000 家，冷链物流总额超过万亿元。

冷链物流建设的主要内容包括以下三点：

第一，冷链物流信息化和标准化。冷链物流企业与省级及全国农产品冷链流通监控平台对接，将相关温控信息对接共享到省级、全国农产品冷链流通监控平台，对冷链物流各个环节温度进行监控管理。更新相关标准，加快标准推广应用，不断完善冷链物流标准体系，制定农产品冷链物流地方标准、团队标准和企业标准，或形成本地农产品及食品完整的、不断链的标准体系。

第二，冷链物流基础设施建设。首先，适度支持建设改造标准化的产地预冷集配中心、低温加工仓储配送中心、冷库等设施；其次，购置必要的冷藏车等设备。

第三，从业人员培训。加强相关从业人员培训，围绕标准化、信息化建设，开展专业技术知识、实操技能培训等。

五、建设农产品质量保障体系

中国农产品的种植、生产、加工方式较为传统，大部分都以分散的、个体的形式开展，没有形成规模化、企业化、标准化和可控化的模式，因此产品质量很难得到有效把控，加上农产品缺少质量评价标准和分类标准，使许多的消费者在面对电子商务的销售模式时没有真实见到产品，因此产生了对农产品的不信任。为了解决消费者的关切，改善市场和消费者对农产品的信任，必须建立完整的农村电子商务产品质量保障体系，明确农产品的种植、生产、加工、分类、冷链、仓储的标准，建立农产品追溯体系，实现农产品从种植到销售的质量保障，为发展农村产业提供基本保障。

2015年，国务院发布了《关于积极推进“互联网+”行动的指导意见（国发〔2015〕40号）》，意见中提出积极构建农特产品质量安全追溯公共服务平台，制定和完善相关制度标准体系，支持更多的新型农业种植、生产经营和销售主体利用互联网技术，对种植、加工生产、经营物流配送全过程进行平台化、数据化、可视化和精细化的管理，通过物联网、互联网、二维码等相关技术的应用，实现农产品上下游追溯体系对接和信息互通共享。

在国家级、省级农业产业化重点龙头企业内，有条件的“菜篮子”产品及绿色食品、有机农产品、地理标志农产品等规模生产主体及其产品要率先实现可追溯。将国家追溯平台建成全国农产品质量安全大数据中心，进一步提升数据分析应用能力、全面应用平台各项功能设置、业务流程和运行机制。

在审批项目、推选品牌、认证农产品、确定参展单位的同时，要确认农产品生产经营主体或区域内的规模农产品生产经营主体是否开展了追溯管理。要率先将绿色食品、有机农产品和地理标志农产品纳入国家追溯平台。推进全程追溯管理，延伸追溯链条，建立倒逼机制，推动追溯管理与市场准入相衔接。

六、构建农产品品牌

在农产品品牌打造中最重要的内容就是农产品的标准化问题，相比较于工业品，农产品在标准化的建设上没有完善的体系，在标准化的制定上难度更大。

为了农产品更加适应互联网和电子商务，必须制定可操作的相关标准。从农产品的种植环节入手，通过标准化的流程开展种植、加工、品控、冷链包装和管理，并保证农产品的质量。

通过标准化和规范化的种植、生产和管理，从农产品的源头进行把控，保证农产品的质量。在此基础上，完成农产品的品牌打造，实现农产品价值的最大化。在保证农产品质量安全的同时，进行农产品的品牌建设和打造，通过农产品品牌实现农产品溢价。有了品牌的农产品可以大大提高消费者的认可和关注度，将品牌的农产品和非品牌的农产品区分开来，农产品的品牌化既可以大幅度提升销量，又可以给更多的消费者提供多样化的选择。

农产品品牌可促进人才的积累。与此同时，农产品品牌的创建需要更多的农产品贸易商和种植人员。

品牌打造需要专业人才的帮助，这就需要提高待遇来吸引更多的人才参与品牌打造。

农产品种植生产人员不仅要熟悉基本种植技能，还要对营销推广方面的内容进行培训和学习，以此提高农产品的利润空间。内部提高培训质量，外部提高招聘待遇，吸引更多的专业人士参与，使农村电子商务在专业人才的帮助下得以迅速发展。农村电子商务的整体高速发展会吸引更多的人才聚集，发展速度和质量在人才集聚效应下形成正循环，不断再创新高。

第一，农产品品牌打造离不开优良品质。中国地大物博，农村众多，虽然各地农产品的品种并没有绝对意义上的大差别，然而不同产地产出的农产品还是在口味、品质上存在差别。甚至同一产地同批种植的农产品在品质上也不尽相同，外观存在差异，大小不一，口感也并不相同。推出的优质品种在得到消费者认知之后就会被尝试性购买；在对优质品种尝试后，如果广大消费者对该品种的品质认可和喜爱，自然会二次消费乃至于多次购买；多次购买之后就会对该品牌的农产品产生信任。因此，农产品若想打造并运营品牌，优良品质是必不可缺的。品质不好，消费者不会持续购买，品牌打造和持续化运营就无从谈起。务必将提高产品品质放在第一位，以此为基础进行之后的营销。

第二，建设农产品品牌离不开丰富的内涵。空有美酒也毫无意义，需有人或是故事陪伴，美酒的韵味才拥有意义。当今农产品品牌营销现状可以用这一比喻来形容。美酒是指农产品的品牌，而故事则代表着农产品的内在文化和含义。对农产品内涵的挖掘是必要的，不仅要保证产品的优良品质，还要在此基础上对当地的人文、历史等各种因素进行深入挖掘，通过这些元素来进行对品牌的塑造。然而，挖掘内涵并不是一件可以简单做到的事情，对于农产品来说也是一样。文化与时代内涵深藏于产品背后，需要长时间的探索与思考才可以将其挖掘出来。优秀的品牌与产品是永远都不可分割的，体现亮点是展现品牌故事的基础，每一个经营者都必须将其牢记于心并为之奋斗。

第三，好的外观设计是农产品品牌建设的催化剂。商品包装是消费者与产品之间最直接的信息传达因素，好的外观设计和包装可以大大提升消费者的消费欲望，因此，对于商品的包装不可轻视，包装是品牌建设和商品销量的催化剂。大部分企业，包括很多设计师在内，不仅要思考怎么样把包装设计得更美、更漂亮，还要在包装设计中融入营销的思维。这样做最直接的目的就是使商品销量倍增。

第四，要有好的推广方式。当今品牌推广方式有许多，如电视广告宣传、报纸杂志宣传、户外广告牌宣传、网络宣传、电台宣传等。在选择品牌推广方式的时候要综合考虑企业自身的实际情况，如资金的可调用度、人群获取信息方式等。中小企业在进行品牌推广时要考虑区域性和宣传手段，做到符合当地人的习惯，一步步地进行推广。国际品牌网建议各大企业注重网络品牌推广，随着网民数量的增多，网络宣传作为一种重要的推广方式越发重要，且其低消费特点符合众多企业的需求。

第三节　乡村振兴背景下农村电子商务的人才培养路径

一、充分重视农村电商人才培养

随着“数字经济”时代的来临，传统的农业经销模式已经不能适应时代发展的需要。

农村要发展、农村产业要振兴都需要充分利用高速发展的互联网和物联网技术，全面融入电子商务和基于平台消费的生活习惯。通过互联网和电子商务进行农村传统生产和销售模式的革新，满足习惯于电子商务购物的消费者需求，实现个性化、平台化、网络化的“按需定制”销售模式创新，打造以农产品销售为核心，涵盖种植、生产、物流、仓储等农业产业要素的全面电子商务化的革新和融合。但目前，相对于城市电子商务的发展，我国农村电子商务的发展基础薄弱，总体发展缓慢，整体的电子商务发展环境、资源、电子商务服务、物流都无法和城市相比，而且，农村电子商务专业人才严重缺乏，这也是制约农村电子商务发展的重要因素。

相比较城市而言，大量的新生代农民都流向了城市，留在农村的大部分农民都是老人、妇女和孩子，总体上接受新生事物的能力偏弱，文化水平偏低，对电子商务的认识不充分，仅仅停留在网络购物这一层面，而真正懂得电子商务的本土人才很少，而城市中的电子商务专业人才又不愿意长期到农村生活、就业和创业，因此农村电子商务要发展得好和快，就必须要培养本地的农村电子商务人才，这也已经成为农村电子商务发展的重中之重。

“电子商务专业人才”不仅仅是网店的运营人才，更是整个电子商务产业链各个节点所需要的综合性、全方位的电子商务人才，因为电子商务专业人才不但包括电商网店运营、网店推广、网店数据分析等方面的实践人才，还包括农村电商发展的总体设计、规划和操盘运营的高端战略人才。

无论是高端战略人才，还是实践型人才，在农村都十分缺乏。为了培养懂农村、懂技术、爱农村和愿意扎根农村的电子商务人才，各地农村都在进行大力培育，但是难点重重，成效不大。

二、明确农村电商人才培养要求

首先是基础型人才。基础型人才的要求是需要熟练掌握相关电子商务技术，在电商网页和平台设计上拥有一定的能力，可以完成美工设计的相关工作，以此实现和掌握电子商务。现代电子商务和行业的相关知识，对于基础型人才来说是必不可缺的。与农村电商相关的人才要懂得以农村为出发点来实现农村电子商务。基础性人才从事基础型工作，但并不意味着其可有可无。这一点对于城市电商抑或农村电商的发展来说都是如此，只有基础性人才达到标准，电商运营和管理才能得以实现。严格来说，基础型人才可以被称为技术型人才。在该类型电商人才的培养中，需要对计算机基础进行相关培训，并以为企业做准确的需求分析为标准进行培训，以此来满足企业的运营和管理需求。

其次是管理型人才。管理型人才不同于基础型人才，其层次较高，应当对农村电商格局有所了解，能从战略角度上出发，对农村发展特色进行把握，对农村未来发展趋势有所预测，能够设计发展战略和农村电商规划，以抢赢先机为目标，为自身所在的电商企业出谋划策。因为管理型人才不可替代，所以农村电商发展离不开管理型人才的发光发热。总而言之，农村电子商务的高速发展离不开农村电商人才本身拥有的各种相关知识，更离不开农村电商人才对知识的相关应用。除此之外，对于农村电子商务人才的职业素养也有所要求。敬业和责任感是任何领域的人才必备的素养，农村电商领域也不例外。只有满足这些条件，农村电商人才才能真正在农村电商的发展过程中发挥其作用，对农村电子商务管理方向提出新建议，树立新理念，对未来发展前景和方向做出准确把控，在保证高速发展的前提下不断创新，根据不同人和不同产品不断变化相关管理方式，如此才能被称作是合格的管理型人才。

再次是运营型人才。虽然将运营型人才放到第三位，但电子商务人才的主体正是运营型人才。虽然不需要熟练掌握电子商务所涉及的各种技术细节，但要利用电子商务技术来进行农村电子商务的相关工作。合格的运营型人才需要对现代电子商务的活动规律有所了解，并在了解基础之上有自身的理解，还要对农村电商深入探索，以此来了解其需求。在电子商务知识储备上也有要求，比如农副产品交易、企业网络营销、电子商务系统的推广、电商平台维护、电子商务创业等。从严格意义上讲，运营型人才可以被称作复合型人才，各行各业都离不开运营型人才的存在。在农村电商领域，运营型人才不仅要顺利开展客户关系、财务、业务等管理活动，还要对农村和农村电商有深入探索的精神，有自己的理解，并且对网络和电商平台的基本操作也有一定程度上的要求。

最后是复合型人才。复合型人才在农村电子商务发展中，必须对农村、农业和农产品有所了解，并熟知农村电子商务的特点，对其发展道路和方向有所看法。除此之外，复合型人才若是同时具备计算机及网络相关技术、农业专业知识、经济专业知识、管理专业知识，则其对于任何一家农村电商企业来说都是要争前恐后去争取的高质量人才。对于农村电子商务复合型人才来说，深入了解农村相关政策是必要的，尤其是有关农村电子商务的政策，如农村金融信贷政策、农村适应性政策等。不仅如此，复合型人才还需对农业相关知识进行学习和了解，对于农业、农村、农民和农产品及彼此之间的关系要有所看法，将潜在的电商消费能力挖掘出来。了解农畜产品的相关知识，如种植饲养、质量检验、销售渠道等，将电商作为核心，帮助农民提高电商意识和能力，为其创造更多财富，从而带动农村电商发展。

三、确立农村电商人才培训类别

第一，电商知识普及培训。培训对象为县级与电子商务有关单位的领导和业务骨干；乡（镇）人民政府、行政村有关人员；县、乡、村三级电商公共服务体系从业人员；社会各阶层有志于学习电商知识的人员、群体等。培训内容为电子商务概况、电子商务发展理念、电子商务发展趋势、电子商务网络品牌建设、网店运营和推广、网店装修和美工、网店数据分析、供应链管理、中小企业管理、网络营销、直播电商、农产品拍摄、视觉设计、跨境电子商务、电子商务支付和安全、传统企业电商转型、电子商务相关的政策法规等。通过培训，让学员了解电子商务的发展、掌握电子商务运营技能、把握电子商务的发展动态和趋势，能够独立设计和运营电子商务网店，引导村民网上消费、便利生活，扩大网民数量，营造便利消费进社区、进农村的良好氛围，提升电子商务服务水平。

第二，企业电商应用与转型发展培训。培训对象为电子商务企业负责人和中高层企业管理人员。通过培训，帮助企业家了解电子商务发展现状以及发展电商的现实意义，引导电商思维转变，使参训学员成为职业化电子商务高级管理和应用人才。

第三，电商专业人才培训。培训对象为电商（意向）创业者和电商企业实际操作人员。通过培训，使参训学员掌握电子商务营销实操技能和创新理念，并在培训后具备一定的创业创新能力。

第四，农村电商应用型人才培训。培训对象为特色农产品企业、农民专业合作社，课程内容为重点培训农村电子商务基础知识、电商企业管理、网销农产品生产与包装、电商市场营销以及农村电子商务发展趋势和省内外电商成功案例。通过培训，转变农产品传统销售方式，解决农产品销售难的问题，促使农产品出村进城。

四、构建农村电商人才培养模式

第一，差异化培养模式。我国不同农村发展进度不同，在电子商务发展方面更是存在着差异。在不同的电商发展阶段中，电子商务人员所需解决的问题和困难也不尽相同。针对农村电商发展阶段的不同，农村电商人才的培养方式也要采取差异化培养模式。在原有的农村电子商务人才培养的内容之上，根据不同的发展阶段实现差异化培训，聘请专业老师对不同层次人员进行不同侧重的培训。除此之外，当地发展阶段更高的电子商务人员可以作为前辈来给后辈解答疑惑，将自身丰富的经验传授下去，以老带新，加快后辈相关学习的进程和速度。电子商务人员与农村创业者之间的交流也不应忽视，应积极寻找各种交流形式，将成功者的经验与教训传递给创业者，以此对创业者起到激励作用，对于实际操作方面的技巧也不应该有所隐瞒，应当倾囊相授。中年与青年两个时代的人才之间也需要加强交流与融合，包括实体经济与电子商务方面的专业培训。不仅如此，产业与电商人员、实体与虚拟之间的互动也不可或缺。

第二，校企培养模式。对于高端的电子商务专业人才的吸收，需要内培外引、加大力度、全力引进；与高校合作，共同培育；加强人才引进的政策力度，在保障待遇的同时，为引进的人才提供更多的创新创业舞台。根据电商人员的不同需要，高校要定制批量培养相关人才。采取高校深入合作战略，鼓励高校学生入乡创业，为创业者提供资源，通过引进外部智力资源提高整体竞争力。职业中专学校方面采取校企联办、合作培训、教育实习基地等长时间有效的合作机制。国家要建立职业技术学校，通过专业的培训教室进行系统的课程培训，同理论层次不同，以实践为目标形成独特的电子商务人才培养体系。电子商业与学校、教育机构联合培养专业人才，以此为当地源源不断地输送人才。

第三，交流实践模式。政府部门应当组建团队，及时跟踪全国电子商务发展的优秀县域，带领各级层面更多地参加电子商务游学班和交流活动。借助优秀县域的发展经验，无论是模仿还是学习，对于本地的电商人才培育都有实效。开展精准培训和服务，精选本地电商经营的核心主体，抓牢致富带头人、退伍军人和返乡青年群体，全力支持和培育一批真正的电子商务专业人才，全力打造电子商务创业和就业标杆，起到示范和引领作用。同时加大人才政策支持力度，留住这类特殊群体，为本地的农村电商发展发光发热。农村电子商业从业者可以参加各种线上线下交流活动，对遇到的各种问题进行交流和沟通，通过大量的实践交流来解决困难。

第四，本土化培养模式。本土化的服务机构、本土化的电子商务专业人才是本地农村电子商务发展的关键。只有了解农村、了解当地、懂电子商务的本地人才才是电子商务发展的市场核心主题。一方面，能够发动更多的当地农民参与电子商务，了解电子商务，掌握电子商务，在当地财政资金的支持和保障下，提供更多的农村电子商务培训，让农民选择适合自身的培训项目；另一方面，对于本地的电商人才要与外引人才同等待遇，利用政策和环境留人。建设农村电商人才队伍是为了达成本土化共识，设立本土化电商培训机构，充分利用本土教育资源，发掘人才并加以培养，用互联网技术作为武器，成为新文明的主导力量。因此，针对现有人才培养和嫁接进行加强对于农村电子商务的培训是必要的。要对农民的需求有所了解，并以此为基本，利用有限资金尽可能提供更有效的针对性培训。还要注重教育培训方式的创新，利用网络的特性，搭建网络教育培训平台来进行远程培训，实现资源的跨时空对接。不仅如此，对于各种资源的整合也要充分，不浪费资源，提供丰富的培训内容和课程，有效提升农民的电子商务水平。例如，利用大学生平台，在假期大学生放假回家的时间段针对大学生开展会议，对家乡的政策进行宣传，鼓励回乡就业、创业。除此之外，“乡贤经济”不容忽视。在当今电商发展巨大浪潮之下，成功者不在少数，各地政府应尝试与乡贤联系，以优惠的政策吸引、鼓励乡贤回乡发展，将经验与技术带回家乡，或是使其成为投资者，为农村电子商务的发展贡献一分力量。各地政府也不应忽视当地中职学校，要与中职学校产生联系，定向招收相关学员。中职学校应设立相关专业的培训，培训内容要与当地农村电子商务的发展阶段相吻合，以此培养出最适合当地发展的专业人才。同时，由于中职学校的培养周期与大学相比要短，两年的理论学习时间可以缓解当地缺少电子商务人才的窘状。同时应大力推动外来人才的本土化。不仅要做到吸引外来专业人才流入，还要做到将外来专业人才留存。企业可以以提高薪资待遇、奖励股权等方式留住优秀人才；政府可以改善当地经济和人文环境，推动农村大力发展，或是发布人才引进和落户政策。

第五，走出去、请进来模式。重视实地考察，前往优秀县城进行互动交流，通过参观学习来吸收优秀县城的成功经验，参加电子商业培训班和各类论坛，在农村电子商务领域的圈子内寻找当前面临的困难的针对性解决方法。清楚认识到带头人的重要性，积极发挥带头人的关键作用，依靠带头人的标杆作用，带领农村电子商务大力发展。大学生、返乡就业者、个体户等创业群体具有非凡潜力，要重点关注这些群体，选取和培育出一批真正意义上的带头人，带动农村人民从事电子商务创新。与此同时，农村电商相关政策和技能培训方面要不断做大做强，积极培育农村电子商业后备力量。针对引进人才方向，可根据产业要求，通过提高薪资待遇、提供发展平台、解决生活问题等措施，针对性地引进各类人才。人才引进的方式不应呆板局限，不仅要聘请职业讲师和教授进行相关知识的讲座和培训，还要与教育机构合作联系。除此之外，条件允许的区域可以在符合发展情况的前提下，积极推动创新创业孵化园区的建设与发展，为吸引而来的广大人才提供平台和机会。

五、完善农村电商人才培训保障

第一，加强协调配合。电商人才培训是助力农村发展的重要内容，县电子商务进农村工作领导小组各成员单位要高度重视电子商务发展人才培养工作，加强统筹协调，共同研究解决电子商务人才培训过程中遇到的困难和问题。全县的电商人才培训工作要由县电商办负责总协调，县电子商务公共服务中心就师资安排、会务服务等具体培训组织开展工作。县电子商务领导小组各成员单位要充分发挥本部门、本单位的职能作用，结合主管行业特点，合理安排主题培训，提供培训经费、场地等，县电子商务服务中心安排老师进行授课，共同保障全县电商人才培训任务顺利完成。

第二，强化师资力量。县电商办、县电子商务公共服务中心要针对每次培训的人员特点，加强与省、州业务主管部门的联系，多方筛选考察，适时聘请省内外知名电子商务专家、教授，各大院校及企业讲师，大型电子商务企业负责人或高管等前来县里开展培训讲学，确保培训取得实效。

第三，完善培训资料。县级各部门、各乡（镇）人民政府组织的培训，要保留通知文件、签到表、课件及相关照片，企业组织的培训要有健全的培训档案，每期培训的信息、培训资料等应及时整理汇总并上报县电商办。按照国家电子商务进农村综合示范项目验收要求，县域的电商人才培训应使用统一的农村电子商务培训签到表，培训组织单位要做好签到工作，监督参训学员认真填写身份信息、联系方式等，以便项目验收考评时回访。

第四，培训深入基层。人才培训不能只照顾县、乡层面，要深入村、企业、合作社。各乡（镇）、村委会要创造条件，适时在村内做好学员组织、场地提供等工作，由县级电子商务服务中心安排人员到村进行培训，尽最大努力为农村学员参加电商培训提供方便，增加农村青年创业、就业的途径。

第五，营造良好氛围。县级各部门、各乡（镇）人民政府要加大对电商进农村项目的宣传力度，配合县电商办适时组织开展电商创业大赛、电商人才合作交流会、电商高端人才项目对接会等，营造重视电商人才、重视电商发展的良好氛围，吸引省内外优秀电商人才、团队参与发展本地电商产业，为全县发展电子商务提供充足的人才支撑。

第三章　乡村振兴背景下乡村旅游与电子商务的融合发展

本章为乡村振兴背景下乡村旅游与电子商务的融合发展，共三节。第一节为乡村旅游的发展现状，第二节为乡村旅游与电子商务融合发展存在的问题，第三节为乡村振兴背景下乡村旅游与电子商务融合发展的策略。

第一节　乡村旅游的发展现状

近年来，很多地区大力发展乡村旅游，希望进一步强化旅游业对乡村振兴的带动作用，积极引导农民通过农家乐、民宿等形式发展旅游业，尽快实现增收致富的目的。

乡村旅游凭借优美的环境、地道的美食、淳朴的民风，给人们带来了舒适的体验，也给农民带来了丰厚的收入。

一、乡村旅游越来越受到人们的关注

溪边玩耍、融入自然、体验农耕、享受民宿、品尝美食都可以通过乡村旅游成为现实。现在乡村旅游已经成为新潮流，受到很多游客的青睐。而且，乡村旅游产品也在不断增多，产业体系进一步完善，让游客可以拥有个性化、多样化的旅游体验。

第一，人们热衷于享受“生态型”生活。经济的飞速发展大幅度提高了人们的生活水平，人们的生理需求和安全需求得到满足，因此精神方面的需求便会上涨，对旅游等娱乐项目的需求越来越大。在这种情况下，游客的旅游经验越来越丰富，对旅游体验的要求也逐渐提高。与之对应的是各类项目和观光旅游点相继开发，不同观光旅游点的同质化程度提高，全国旅游市场发展迅猛，旅游市场的

竞争更加激烈。但乡村旅游业能从中脱颖而出，离不开两个原因：一是它的“生态型”生活的吸引力；二是人们消费观念的转变为旅游市场带来的变化。

首先看原因一，这种“生态型”生活主要得益于乡村旅游特有的沉浸感。

旅游资源具有两个主要类型，一种是自然风景类，另一种是人文景观类。市面上其他类型的旅游项目或多或少偏重于其中一种，而乡村旅游项目能将这二者结合。

乡村旅游业独有的自然风光和风土人情是浑然一体的，它能让游客沉浸其中，从衣食住行等方面带给游客沉浸式的生态型生活体验。其独特性、趣味性都是单一旅游资源无法相比的，能为游客带来不同于以往的愉悦感、刺激感，悠闲的旅游环境也能为游客提供安全感、舒适感。游客享受旅游过程并愿意为各类体验活动买单。

其次看原因二，消费观念的转变为旅游市场带来的改变体现在两个方面。

（1）游客结构改变，游客群体中老年人和青少年比率逐年提高。

（2）游客旅游需求逐渐多样化。

因此，旅游方式随之更新，诸如观光游、体验游、亲子游、主题游等不同形式的旅游方式层出不穷。而乡村旅游业主打健康、绿色的旅游项目能够吸引不同年龄段游客并满足其多样化的需求。例如，老年游客追求的养生与健康，少年游客追求的新鲜与趣味等。

这两种原因共同促使人们越来越享受“生态型”生活，也使乡村旅游业越来越发达。故而农村地区要充分运用自身独有的资源，结合游客和市场的变化不断提升旅游项目的优势。

第二，乡村旅游市场逐渐成熟，形式丰富。对于乡村产业发展来说，乡村旅游发挥着不可忽视的重要作用。

农业农村部办公厅关于印发《2020年乡村产业工作要点》的通知提出乡村旅游的三个发展方法，如表3-1-1所示。

表3-1-1　乡村旅游的发展方法

关键方法	具体开展措施
建设休闲农业重点县	建设一批资源独特、环境优良、设施完备、业态丰富的休闲农业重点县，打造一批有知名度、有影响力的休闲工业“打卡地”

（续表）

关键方法	具体开展措施
培育休闲旅游精品	实施休闲农业与乡村旅游精品工程，建设一批设施完备、功能多样的细线观光园区、乡村民俗、农耕体验、农事研学、康养基地等，打造特色突出、主体鲜明的休闲农业和乡村旅游精品。开展休闲农业发展情况调查和经营主体检测
推荐休闲旅游精品景点线路	运用网络直播、图文直播等新媒体手段多角度、多形式宣传一批有地域特色的休闲旅游精品线路；开展“春观花”“夏纳凉”“秋采摘”“冬农趣”活动，融入农业产品发布、美食活动评选等元素，做到视觉美丽、体验美妙、内涵美好，为城乡居民提供休闲度假、旅游旅居的好去处

传统的乡村旅游注重乡村民情、礼仪风俗等的体验。游客的旅游体验仍集中在观赏、住宿这样单调的活动中。例如，观赏当地当季的农作物种植过程、体验耕作、观赏当地的自然风光、住民宿等。

而在这样的政策推动下，乡村旅游开始迅速发展。大量与乡村旅游相关的新概念与新理论开始涌现，如游居、诗意栖居、第二居所等。这些新概念与新理论丰富了乡村旅游的形式与内涵，将乡村旅游从日渐同质化的市场中解救出来。

乡村旅游市场日渐成熟，乡村旅游的形式也更迎合游客与行业的需求，乡村旅游会越来越红火。

第三，乡村在互联网作用下形成“网红”经典模式。21 世纪的今天，人们的生活几乎离不开互联网，以互联网为基础和载体的营销方式也逐渐影响到人们，同时对旅游行业起到了不可忽视的促进作用。

过去人们旅游的目的是抵达名胜古迹所在处，然而在互联网高度发达的今天，足不出户就可以通过互联网观看和了解世界各地的奇观美景。此时，由于直播和短视频的兴起，人们旅游的目的已转变为体验各种网络热门特色。

许多乡村也借助互联网的传播显著提升了自身的经济发展水平。而且与传统的广告推销相比，这种互联网营销的成本更低、范围更广、影响力更强，更适合那些愿意发展旅游业的乡村。那么，乡村应该如何利用互联网营销带动旅游行业的发展呢？

首先，乡村一定要提升宣传内容的质量，并通过对自身风俗的挖掘引领潮流。山东荣成的“画村”牧云庵就是个中翘楚。整个村庄就像是一个设计精巧的艺术展览馆，人们可以伴着阵阵墨香参观绘画长廊、村民写生基地，感受艺术与田园的沉静气质。

其次，乡村可以在互联网上培育自己的粉丝社群，从而缩短传播周期。

最后，乡村还要搭建共创平台，带动更多的人参与其中。如今，直播的浪潮逐渐消退，短视频的浪潮接踵而来。这样的更新换代也是在提醒新时代的农业从业者，时代正在急速变化，需要勇敢地尝试新鲜事物，借助互联网平台进行营销与推广，做好乡村的形象宣传，提升当地的知名度和影响力。

与此同时，物联网、云计算等新一代数字技术也能够帮助我们建立起全方位、立体化的感知体系。

我们可以将相关信息进行收集与整合，将信息化和数字化渗透到乡村旅游的各个环节，为游客、企业、政府等一系列利益相关者提供需求服务。

实际上，互联网上绝大部分的创意来自民间，农民也应该充分挖掘身边的风俗与风景，向外界展示乡村的特色，扩大乡村旅游的商机，让乡村的魅力传播得更远，让更多的人看到真实的乡村。

二、具有一定的乡村文化磁场

走遍了名山大川，逛完了名胜古迹，乡村旅游已经成为越来越多人的新选择。乡村旅游是国内旅游的主要类型，也是推动乡村振兴战略顺利实施的强大力量。但与此同时，人们的旅游需求在进一步升级，感受农家乐、吃农家菜、钓鱼、摘菜已经无法让人们感到满足，人们更希望在乡村旅游中感受当地文化、愉悦自己的身心。

第一，乡村旅游愈发具有文化气息。让乡村充满文化韵味是吸引游客前往乡村旅游的金钥匙。

丰富乡村旅游业内涵，有利于其可持续性发展。例如，珠穆朗玛峰的文化理念为坚毅和冒险，这一理念自从确定以来便未曾有过更改，正是对理念的长久坚持，使得人们在提及“挑战”一词时，就会想到前往珠穆朗玛峰旅游。以此类比，一旦拥有文化理念，当地旅游产业就会具有独属于自身的特别吸引力。

类似的例子还有安徽省黄山市徽州区。黄山市徽州区历史悠久，文化内涵丰富。徽文化发祥于此，徽州区独有的传统文化体系包括徽派建筑、徽菜、徽剧等。此地古建筑和古代文化遗迹保留完整，且数目众多，有“文物之海”的美称。

除此之外，非物质文化遗产如传统工艺（如徽墨、歙砚等）、民俗文化（如叠罗汉、徽剧等）、特色饮食（如徽州糕点、茶艺等）在该地也有大量遗存。

上述文化遗产散落在徽州区各乡村。这是此地区别于其他乡村旅游地区的最突出优势，是其乡村旅游业的核心竞争力。

此外，该地域有着优越的自然生态条件，此处坐落着七个省级自然保护区与三个国家森林公园，被誉为“乡村天然氧吧”。黄山市在发展该地区乡村旅游业的时候，从三点进行了旅游规划。

首先是结合当地资源状况进行开发。该地域拥有鲜明独特的徽文化，因此当地将乡村旅游发展同徽文化结合。悠久的徽文化、美丽的自然风光以及优越的生态环境是此地域发展乡村旅游的重要载体。

其次是通过个性主题在同质化竞争中立足。从乡村旅游产品层面看，各村落的旅游区域都具有相似的基本功能，比如住宿、观光、餐饮等。其差异之处在于侧重点。但该区域结合乡村现实情况，成功提炼出了不同于其他区域的“徽风徽韵”主题。这种个性主题帮助该地域摆脱同质化竞争，使黄山市徽州区顺利开展了深度乡村旅游。

再次是重点梳理、挖掘当地具有潜力的个性元素。该地域以市场需求为基础，将地域个性卖点进行深度包装，突出其主题与个性，打造能够吸引中间商、投资商和消费者的乡村主题旅游产品。

黄山市徽州区凭着上述三点，成功塑造了具有“文化味”的乡村旅游品牌。各乡村在发展乡村旅游业时，也可根据上述要点先行规划，确保自己的旅游产业能够有独特的文化理念，避免同质化。

第二，观光农业使人们近距离接触大自然。观光农业是农村特色服务业项目之一。它的开发基于农业发展现状和特点。

在发展农村观光农业项目时，要在满足观光农业功能的基础上，坚持以生态自然为本，统筹农村地区生态保护和经济的发展。在开发观光农业项目时应注意以下几点：

（1）将推动农村地区发展和给农民带来实际收益作为开发观光农业项目的核心出发点和最终目的。

（2）提供给农村地区更多就业机会。在生产活动等第一产业之外，作为第三产业的观光旅游应给农民带来额外价值。第一产业产生的理论相对较低，开发观光农业项目时应提供就业机会，使农民获得相对轻松的受益渠道，并因此获得更高收入，摆脱贫困。

（3）以吸引各方资源支持为己任，包括政策方面、经济方面、场地方面等资源，其涉及的领域包括旅游业、林业、农产品加工业等。

第三，民宿让人们体验原汁原味的农村生活。在政策、互联网等因素的影响下，农村地区和乡村旅游市场迅速发展。

越来越多的游客有了探索农村、回归自然的兴趣和需求。而“民宿热”就是在这个过程中兴起的。

民宿，顾名思义，就是当地居民利用闲置房屋为游客提供的住宿设施。这种住宿设施往往面积不大，但能够帮助游客体验当地的自然环境与本土文化，且价格实惠，因此受到消费者欢迎。

民宿具有以下优势：

（1）民宿能够盘活闲置的农村房屋资源，为农民增收。在传统的农村产业链中，农民的农房只供其居住，没有其他价值和作用。但是随着乡村旅游项目的开展，游客的住宿需求增加，农民便可以利用农房办民宿。这种出租闲置农房赚取租金及额外消费费用的方法拓宽了农民的收入渠道，带动了农村地区的经济发展。

以云南大理为例，当地村民大多将闲置农房打造成小客栈类型的民宿。这不仅减缓了当地的就业压力，还为当地村民带来了非常可观的收益。

（2）民宿能够有效输出地方特色文化。在民宿同质化严重的市场中，许多游客对民宿的印象都大同小异，因而特色成为民宿的核心竞争力。

在打造民宿前，村民可以详细地分析所属地区的特点和优势，并结合游客的消费需求，确定何种优势能够成为民宿的特色。确定好民宿的特色后，村民可以用特色为民宿冠以名称。例如，某民宿位于龙门古镇，直接用地名加上“驿事”二字为民宿命名。龙门驿事符合古镇气质，并且给予游客一种故事感，因此吸引了大量游客前来体验。

特色能够吸引消费者关注，而特色化的民宿能够使其在同质化市场中脱颖而出。游客在居住特色民宿的过程中，会接触管理民宿的村民，并通过村民直接了解当地的风土人情。

若民宿的建筑具有当地特色，游客可以直接体验当地传统住宿方式，而且特色民宿普遍提供由当地人制作的本土美食。

总之，这种从衣食住行角度为游客提供沉浸式体验的特色化民宿，能够让游客直观地感受到农村地区的独特文化。

民宿不只拥有优势，随着民宿市场的发展，其弊端也日益显现，具体体现在以下几个方面：

（1）缺乏统一建造标准。经营民宿的门槛低，因此市场上存在着大量质量良莠不齐的民宿。

（2）缺乏有效的监管措施。民宿的安全性相对低于酒店，且往往是个体经营，可能存在着硬件不过关、配套设施不足、卫生不达标、无证经营等问题。民宿市场兴起时间短，监管措施相对不足，游客的权益很难得到保障。

（3）缺乏特色。很多地方跟风建立民宿，装修雷同，各民宿之间模仿严重。

（4）民宿收入受淡旺季影响，农民的收入也因此不稳定。在旺季时，大量游客拥入，民宿缺乏足够的承载力；在淡季时，游客的数量锐减，农民收入上不去，民宿支出却没有减少。

（5）随着民宿市场的发展，大量商业资本介入开发，导致农民的权益得不到保障。

村民和投资者在打造民宿时，一定要依据上述利弊综合考量，避免因为盲目开设民宿而得不偿失。

第四，通过体验农事这种寓教于乐的方式来让孩子成长。过去的孩子小时候都做过很多农事，这是属于过往时代的独特深刻记忆。如今的孩子从小生活在城市里，事事无忧，基本上没有机会可以做农事。

对于现在的孩子来说，体验农事也可以获得快乐，并体会长辈和农民的辛苦，忆苦思甜，不再浪费粮食。农事体验服务的诞生不仅是为了推动农村地区的发展，对于当今儿童也十分具有教育意义。

农事体验服务可以让游客体验种植、养殖、加工生产等农事活动，还可以在劳动后对劳动成果进行品尝。在这个过程中，游客可以习得农耕知识，也能对农村、农业有所感悟。

通过对农业劳动的体验，游客可以感受到生产的美好，劳动后的丰收是中国人自古以来最纯真也是最质朴的美妙感觉。

第五，养老倾向健康养生。如今时代发展速度越来越快，人们的物质生活已基本得到满足，在此基础之上，人们对于精神生活质量的追求不断攀升。与此同时，人们生活的追求也转变成为健康地活着。

老人对日常养生的方式愈发不满，需求的不断提高使得老龄人口渴望以健康养生作为养老方式。老人在健康养生方面的旅游趋向和消费欲望较年轻人要更强，这是农村旅游业发展的新途径。

三、形成了乡村旅游典型模式

乡村文旅是我国乡村振兴战略的重要方向和发展动力。我国历史悠久、疆土辽阔、资源丰富，特别是农耕文化在我国不同的地区形成了多样、独特、鲜明的风景线。

当前，许多乡村围绕挖掘当地特色文化、综合利用特色景观，将传统乡村活动与休闲旅游相结合，创造出各种新的形态，在传承和弘扬农耕文化的同时，也为乡村创造了经济价值。目前，我国乡村文旅模式主要包括农业园区旅游、乡村文创旅游、乡村景观旅游。

（一）农业园区旅游

第一，数字农业园区。近年来，以数字农业、智慧农业为主题的现代农业园区发展展现出了新速度。

数字农业园区模式是互联网与特色农业深度融合产生的一种新模式，是运用数字与智能技术优化农业产业链，集中经营、管理具有一定规模的农业生产活动，实现安全低碳、优质高产、精准高效的生产、管理、服务与运营的新发展模式。

数字农业园区除能提高农产品的生产和加工效率外，也为旅游业提供了独特的观光点。

由于运用了精准智慧的农业管理技术，数字农业园区不但能创造出高质量、高产量的特色农产品，还能最大限度地保护当地的生态环境。游客既能在园区内享受到新鲜且高质量的农产品，又能观赏良好生态带来的美景，还能接触到最新的数字农业科技。例如，云南省昆明市梁王山智慧农业科技园利用其高原农业优势发展“鲜花小镇”，为游客提供了梦幻般的旅游目的地。梁王山智慧农业科技园以高原特色农业为主题，运用可调光谱智能植物生长照明技术、环境精准调控技术，打造第一、二、三产业融合发展的样板区，依托云南省生物资源禀赋和多样性优势，将科技引入新农业，实现农业互联网产业的融合。

“永安稻香小镇”建设于浙江省杭州市余杭区苕溪以北的基本农田保护区内，是浙江省首个体验式数字农业园区。

永安稻香小镇不仅拥有优质稻米，还拥有茶叶、竹笋、鲜果、水产等其他优质特色农产品，从而形成了“以稻为核、多驱发展”的产业特色。小镇以数字农业指导产供销模式，准确掌握农产品从生产、加工、流通、仓储到销售等全过程的信息，连接“田间”与“指尖”，对每件销售出去的产品均可实现一码溯源、一码印证。同时，小镇以阿里云人脸识别算法为技术底层，通过直播、村域 vlog 视频打卡、稻田认养等方式，为游客带来全新的农旅体验，助力第一、二、三产业融合发展，重塑农业发展新模式，全力打造数字农业发展样板，让游客买得安心、吃得放心、游得舒心。

第二，教育农业园区。教育农业园区模式是互联网与特色农业深度融合的另一种新模式。

我国农业具有丰富的资源配置，应该实现多方向、多维度发展，只有这样才能不辜负其作为资源最多的产业的优势。因此，新兴的教育农业园区模式是将教育融入农业旅游中，满足游客求知的需求，促进城乡交流并加强自然生态教育的一种新型休闲农业经营形态。

位于台湾台南县善化镇的大安生态教育农业园区，其经营理念以植物生态教学为主。园区内的景观除原有的荔枝树林及草莓园外，其他景观一律以植物生态属性作为生态植栽景观的方式进行规划。

位于台湾台中市太平区的久大生态教育休闲乳羊场，其经营理念以乳羊饲养教学为主。园区内有荔枝树、花圃、假山等户外自然景观，游客还可以亲近羊群，了解羊的生活习性。游客进入园区，可以亲自体验乳羊饲养的相关工作，如喂食小羊、挤羊奶等，此外，还可以品尝到新鲜的羊制产品。

教育农业园区模式不仅能够满足游客观光游憩的需求，还可以为游客提供丰富的农业生产活动体验。因此，教育农业园区这种新的模式是游客学习动植物生态系统知识比较理想的户外自然教室。

（二）乡村文创旅游

“看得见山，望得见水，记得住乡愁”是乡村振兴的应有之义。如何重新焕发乡村文化是我们当前所面临的新课题，也是新时期乡村树立文化自信、实现价值认同的关键。

随着乡村振兴的大力推进，各地基于本地特色，挖掘文化内涵，发展文创产业，丰富了乡村文创旅游的内容，也大大提升了游客的认同感和体验感。当前，乡村文创旅游主要从以下三个方面塑造特色区域文旅：

首先是文化元素打造。乡村特色文化是亟待挖掘的文化宝藏，可以用于创作的素材取之不尽。不论是饮食文化、节庆文化，还是手工艺文化、民风民俗等，如果能够将这些文化元素挖掘出来，将它们做好、做美，就能吸引更多的人向往乡村文化，希望以乡村的方式生活下去。打造好乡村的特色主题文化，并将其灵活展现，将文化融入乡村旅游，打造核心魅力，吸引越来越多的人来到乡村旅游，感受特色文化。例如，福建省宁德市屏南县依托丰富的自然资源及优质的古村落文化生态，积极融合油画创作与当地古村落文化，培养当地农民的专业绘画技术，使村民不再仅是农民，而是成为绘画家。这极大改善了农民的精神面貌，对于传统村落的保护与修复、文化的传承与表达更是起到了极其关键的促进作用。广东省佛山市顺德区以当地传统文俗与特色为基础，开发了大良鱼灯、马冈版画、黄龙冬瓜等特色产品，赋予村居以独特的文化内涵。还有一些村庄则围绕区域发展历史进行个性化文旅改造。例如，位于浙江省桐乡市的“乌镇横港国际艺术村”曾经坐落着众多建筑厂、服装厂、钢铁厂、养殖中心和农业基地，但随着市场体制的改革，横港村的集体经济逐步退出历史舞台，工厂破败凋敝。之后，横港村结合区域特征，经过一系列规划设计、策划定位、教育运营等一体化流程，将艺术元素分别与亲子、教育、文创、乡居、农业等元素相结合，把艺术渗入横港村的每个角落，创造了“乌镇横港国际艺术村”这一独特品牌。横港村通过艺术的方式打造了“中国第一个儿童友好型乡村社区”，让孩子能在大自然中发现艺术，在艺术中接触大自然，给予他们一个激发创造力、健康快乐成长的环境。

其次是创意元素打造。台湾南投县兴起了名为“妖怪村”的创意小镇。这个小镇在经历一次大地震后，原有的蜜月度假产业受到了巨大的冲击，最终选择通过将本地的优美风景元素与创意元素相结合的方式重振当地的产业经济。小镇将动漫创作与衍生品开发作为主要手段，借助乡村内广为流传的“妖怪”文化，并结合当地风景特色，打造出极具传统特色的创意乡村。小镇中的每栋屋子几乎都有各种“妖怪”的主题，看起来就像一个隐藏在神秘森林中的童话世界。小镇除向游客展示风味奇特的美食、形象各异的店家、精彩爆笑的节目、风格独特的建筑外，还精心设计并巧妙打造出随处可见的“妖怪”。这些可爱的“妖怪”分别出现在小吃的外形上、路口的标识上，村子中的各个角落都有其踪迹，让人惊喜连连。以上这些独特的风景能够吸引人们的关注和加深人们的印象，让大家在提起某一特定的风景之后迅速联想到所在乡村，提升乡村的知名度，为后续的发展提供强大的动力。

最后是卡通元素打造。文化、创意与旅游产业的互动本质就是文化和创意对旅游产业价值链的渗透、辐射及延伸，促使旅游产业价值链增值。除文化和创意外，添加卡通元素也能促进旅游产业的发展。当前，很多乡村从卡通元素入手，塑造亲切或可爱的卡通形象，打造地方特色名片，并为休闲旅游产品及其衍生品带来价值。例如，河北省石家庄市正定县南白店村则精心提取南白店村产业特色、红色历史、乡风民俗元素，提炼出“老木匠、老药农、老书记、老会长、老红军”一系列有人情味的“白店爷爷”形象。可爱的形象配上有趣的话语，萌趣十足，成为当地旅游的一大亮点。南白店村还围绕“爷爷天团”研发出乡村旅游商品，涵盖拨浪鼓、水杯、T 恤衫、雨伞、抱枕、虎头鞋等，让到访游客逛得开心、购得尽兴。

（三）乡村景观旅游

从观光旅游到度假旅游，随着旅游产业的发展，其品质也在不断提升。那么，在乡村文旅项目的打造上，“景观”又如何更好地赋能于乡村旅游呢？

“景观”是一种景象和视觉效果，这种效果反映了土地和土地之上的空间及物质所构成的综合体，是复杂的自然过程和人类活动在大地上留下的烙印。它既不属于材质和物质的随意搭接和重塑，又不属于各种植物的栽种和培育。“景观”是一种人的内心与自然沟通的表达方式，更是一种文化的体现。而旅游则是通过寻找内心与自然交流的途径，从而满足身心舒适需求的一种行为。因此，景观和旅游是天生的一对，是共融共存的。乡村景观旅游大致包含以下四种表现形式：

第一，自然类景观。我国拥有丰富的地貌环境，用任何方式打造出的景观都无法与青山、绿水、森林、沙漠、湖泊、河流等大自然的鬼斧神工相比。所以，对于好的自然类景观，要加强保护，谨慎运用，突出原生之美；对于不好的自然类景观，则应该优先考虑恢复其自然生态环境，如通过清理河道、净化水源、植树造林等方式打造多彩景观，使自然生态环境得到改善。

重庆市大巴山拥有得天独厚的生态优势，良好的生态资源为绿色发展奠定了基础。大巴山围绕重点景区与乡村旅游相结合的总体思路，打造“巴山原乡”的乡村景观旅游，从民宿起家，到“巴山原乡”品牌的声名远播，“看得见山，望得见水，记得住乡愁”成为本地乡村旅游的金字招牌。这里的山川、森林、溪水等宝贵的自然禀赋成为脱贫致富的“金山银山”，为国家乡村振兴竖起了一面旗帜。

第二，田园类景观。我国地域辽阔、资源丰富，在农业种植方面呈现出不同的田园风光。

平原和山地形成了各自特质鲜明的景观，如多彩梯田、油菜花田、金色麦浪田等。因此，要注重保留和利用田园风光的美，要把田园风光作为景观的背景，也可以加建一些景观平台、木栈道，或者增加一些机械化设施，如景观灯、慢行小火车等，让游客进得去、走得通，可远观也可触摸。各地应尝试摆脱传统的农业思维，进行新时代文化思想的解读，将田园风光作为乡村景观旅游的底色，再点缀一些为旅游提供的特色服务项目和景观产品，对我国特有的农业绝景、胜景以及能够成为文化遗产的农业景观和农耕方式进行合理的开发、利用，并加以保护。

无锡田园东方位于“中国水蜜桃之乡”——江苏省无锡市惠山区阳山镇，是无锡国家级现代农业产业园的重要基地，也是国内首个田园综合体、田园主题旅游度假区。它以田园类景观与生活为目标和核心，以生态高效农业、农林乐园、园艺中心为主体，打造了以花园式农场为经营理念的，包含农业、居住、旅游、文化等元素的综合性园区。此外，它与游戏《植物大战僵尸》合作的全球首个“植物大战僵尸”农场，成为田园场景下的娱乐新物种，使现代商业娱乐与自然乡村生活完美融合，既提供了流行与刺激的元素，又为寓教于乐的自然教育需求提供了场景。

第三，民俗类景观。我国是一个拥有56个民族的大家庭，不同的民俗文化构成了我国不同地区丰富的旅游资源。

通过将民族特色文化与景观相结合的方式传递文化，不是简单地复制和模仿，而是合理地利用现代的创意及设计元素，巧妙地将我国丰富多彩的民俗与民族文化融入人们的生活与度假需求中。

湖南省株洲市攸县文化馆通过将民俗文化与乡村景观旅游相结合的方式促进旅游业的发展与升级。2021年，攸县文化馆通过打造传统舞蹈《打铁花》、二胡独奏《赛马》、旗袍秀《红梅赞》等民俗文化节目，呈现民俗文化的朴实、乐观精神。此外，攸县文化馆的皮影戏还入选了非物质文化遗产。游客置身于这种世代传承的民俗文化的海洋中，体会到了攸县深厚的文化底蕴。

第四，人文类景观。人文类景观通常包括建筑、工具、文字、图案、服装、音乐等，要在“以人为本”的基础上体现“突出文化”的特质。

人文类景观可表达的内容非常丰富，通常包括人物传记、历史典故、影视人物、神话故事，甚至故事场景等，能够给游客带来独特的文化内涵和解读，成为人们表达情感的工具及展现生活方式的途径。

浙江省绍兴市的“三味书屋——鲁迅故里”是首批“全国研学旅游示范基地”之一。鲁迅故里景区包含鲁迅家训临摹习字区、研学游闯关区、乌篷船拼装区、鲁迅作品阅读区、鲁迅特色木刻拓印区五大区块。不仅如此，景区内还有大量雕塑。这些雕塑以鲁迅童年形象和他笔下的艺术形象为基础，真实反映了民国时期鲁迅的童年场景和形象。

目前，我国大力号召的美丽乡村建设已见成效，众多地区乡村旅游建设已经趋向于完善，然而仍有许多地区存在不少缺陷和问题。例如，分析时没有考虑当地特色，没有因地制宜，而是盲目学习城市景观设计，忽略了乡村特有的文化、地域性和历史风俗，导致吸引力不够。此外，还有破坏原有生态环境、基础设施不够完善、交通不便利等问题。

第二节　乡村旅游与电子商务融合发展存在的问题

近年来，休闲农业、乡村旅游、农村电商等各种针对农村发展的规划项目逐步有序推进，为实现党的十九大提出的乡村振兴战略奠定了坚实的基础，发挥了重要的作用。乡村旅游的兴起是当下的一种潮流，也是城市化达到一定阶段的必然产物。因此，目前正是互联网与乡村旅游结合的一个风口。农村电商正在从简单的网上购物向更加丰富多彩的在线消费转变，旅游就是其中之一。与农村在线旅游同步高速增长的还有在线餐饮、生活服务等类别，互联网正在加速改变县以下人们的生活与消费方式。

在此情况下，蓬勃兴起的农村电商与同样方兴未艾的乡村旅游、休闲农业形成了许多结合点，可以用农村电商的一些理念去改造、提升和促进农旅融合。农村电商打开了“互联网＋乡村”的新天地，促进了农旅融合，而农旅更应利用互联网主动升级。但是，在乡村旅游与电子商务融合的过程中还存在一些问题。

一、农旅基础设施薄弱

要想富先修路，只有交通便捷才能带来财富，这不仅是物理意义上的道路交通，互联网信息交通也必须四通八达且便利。我国目前仍有部分农村交通不便，在电子商务方面的基础设施更是不足，这阻碍了旅游者的前来，同时对于特色农村产品的传播也有极大的不利影响和阻碍力量。不仅如此，农村网络设施也极大不足，偏远地区基本没有网络覆盖，计算机更是无从谈起，农民使用互联网极其不便。如果农旅电商技术无法满足需求，就无法借助互联网对自身进行宣传，建设乡村旅游电子商务平台更是无稽之谈。要想实现乡村旅游电商的高速发展，就必须克服基础设施薄弱的困难，否则将受到极大阻碍。

二、对电商认识不到位

当前城市加速发展的同时，部分农村仍存在一些落后问题。教育理念和方式落后，基础设施差，人口众多，这些都阻碍了农村对计算机网络的正确认识。教育落后导致农民素质较低，基础设施差导致农民无法接受新奇理念，受传统观念影响，无法真正信任电子商务，这对农村电商与旅游的发展产生了不利的影响。城市高速发展而农村停滞不前的情况势必会导致城乡差距加重，有关部门必须对该方面重视起来，采用新的方式与策略解决隐患。

不同类型的农旅电子商务所涉及的参与主体也不同，但不管是何种类型，最主要的参与主体是村民。但是现阶段我国农村村民对乡村旅游、电子商务等各方面的认知及意识都存在不足的现象。很多村民“不识庐山真面目，只缘身在此山中”，并未意识到乡村旅游资源的特殊性以及宝贵性，没有对特色自然资源保护的意识，也没有进行乡村旅游开发和建设的意识。同样，电子商务虽然发展了二十多年，但是农村网民与其的接触时间并不长，便于他们接触到丰富、便宜和实惠的商品是他们认为的电子商务的最大优势，很多村民并不清楚如何通过电子商务的方式将农村的特色旅游资源、特色产品以及服务营销出去。

三、对环境依赖程度高

不同于传统的乡村旅游建设发展模式，电子商务是以现代信息技术和通信网络作为基础的，对环境依赖程度高。要实现乡村旅游和电子商务的结合，离不开环境与信息的支撑。作为电子商务的基础，信息基础设施薄弱势必会影响乡村旅游与电商的融合发展。因此，乡村旅游与农村电子商务融合发展离不开信息基础设置的增强和环境保护。

四、行业同质化较严重

由于技术壁垒门槛低，电商服务业内容、交易模式、营销模式等同质化现象日趋严重，一旦电商服务市场上出现某种模式的成功案例，就会出现诸多追随者。在移动互联网时代，用户对内容的要求越来越高，早期的“小红书”“大众点评”等电商服务平台因内容的原创性和真实性获得了众多忠实的消费者。随后，大批作者输出大量内容，复制粘贴、批量生产的内容充斥着各大平台，互相抄袭的现象严重。内容同质化使用户筛选有效信息的成本偏高，对平台信任度有所下降。

五、商业模式创新不足

现有的乡村旅游电子商务发展模式相对缺乏创新。根据现有乡村旅游电子商务的分类及其模式特点可以发现，乡村旅游电子商务主要是在传统旅游电子商务的基础上发展起来的，商业模式受到了传统旅游电子商务模式的局限。尤其在业务模式、营销模式、技术模式、盈利模式等方面都存在一定的局限性。在业务模式方面以信息服务和旅游相关产品的交易服务为主，缺乏基于信息服务和旅游服务衍生出来的其他增值服务，比如乡村旅游的综合性服务、个性化服务等。在旅游营销方面，传统的乡村旅游电子商务主要采用网站宣传，对社交媒体和新媒体的营销方式采用较少，而采用新媒体和社交媒体方式的乡村旅游宣传又脱离了乡村旅游电子商务平台。现阶段乡村旅游电子商务的技术仍然以 PC 端的网站建设为主，缺乏应用程序（App）、小程序、公众号等多种形式的系统开发和展示。在盈利模式方面，大部分乡村旅游电子商务的盈利模式较为单一，主要继承旅游电子商务的盈利模式，缺乏自己的创新性。

六、消费者参与程度低

消费者的参与是乡村旅游电子商务发展的关键，但是现阶段乡村旅游电子商务的消费者参与度较低。虽然大部分旅游者非常愿意到乡村去旅游，但是很多旅游者并不知道乡村旅游的电子商务平台有哪些，以及乡村旅游电子商务平台上信息的可信性。更多的消费者倾向于通过第三方平台来查找、收集乡村旅游的相关信息，购买乡村旅游相关的景点门票、预订住宿、购买农特产品等。一方面在于很多乡村旅游电子商务平台以信息服务为主，另一方面是因为大量的乡村旅游电子商务平台的宣传推广不足，很多消费者并不了解这些旅游电子商务平台，而哪些因素会影响旅游者参与乡村旅游电子商务也是乡村旅游电子商务发展研究的关键问题。

第三节　乡村振兴背景下乡村旅游与电子商务融合发展的策略

一、加强农村基础设施建设

首先，地方政府要加大扶持力度，不仅是资金上的帮助，相关政策的实施也要加快。只有将基础设施修好、建好，道路通顺，停车场数量足够，才能保证车辆顺利通行，保障行车安全。

其次，加快在偏远地区农村的无线互联网覆盖建设，要保证游客可以在旅游过程中的任何地点使用互联网，农村村民同样可以乘上互联网这条高速公路，对自身生产的农产品进行宣传和销售，与消费者和物流沟通。

最后，要注重农村环境的优化工作，道路清洁是重中之重，且在此基础之上还要多多建设公共厕所和公共娱乐设施，统一管理基础设施，通过大力优化乡村环境来满足游客和居民的基本需求。

二、促进电子商务在旅游营销中的应用

纵观国内乡村旅游的发展，总体来说，随着国人生活质量和消费水平的提升，更多的人走出了家门，并愿意参与到各类的旅游当中，国内旅游市场的规模越来越大。近几年，乡村旅游的发展速度日益加快，体量也越来越大，乡村旅游已经成为旅游业的重要组成部分。面对游客市场需求不断更新和选择日益多样化的趋势，消费者对乡村旅游的要求也越来越高，但目前乡村旅游在项目策划、活动安排、营销手段和营销策略上都存在较多的问题，缺乏市场规划和整体营销策略。

首先要提升管理者在电商方面的认知水平。认知对个体的影响效果极其重要，在电子商务方面也不例外。在乡村旅游资源营销中，旅游业管理者只有加深对电商的认知，提高水平，才能促进应用。可以从先进的旅游景区开始学习，多多关注这些优秀景区的电子商务动态信息，从中吸取经验来提升自身认知水平。除此之外，在乡村旅游资源营销中，要对于自身此时所存在的问题有清晰认知，针对当前所处阶段和面临的困难，积极学习调研，寻找优秀解决方案。

其次要重视宣传教育，加强宣传力度，优先进行旅游电子商务的普及工作。以当前电商平台模式为基础，成立网络旅游产业。建设电子商务平台可以采取链条模式，从游客出发，到游客群组团，再到目的地；从机票出发，到目的地酒店，再到旅游景点门票形成链条模式，一次性满足游客需求，同时要制定好规则以便管理。电子商务平台可以将旅游产品进行有机结合，如特色旅游、主题旅游、近郊旅游等。分析不同人群的不同喜好，有针对性地制订旅游计划，推荐最合适的喜好路线。不断完善信息，保证旅游产品及时且真实，给予游客选择的任何路线以最好的消费支持。将电子商务平台成功建立后，应定期进行网络维护，保证平台的持续运作和健康运行。同时需要加强与客户之间的联系，以提高自身服务质

量的方式来吸引、留住客户。除此之外，不应局限于固定的营销模式，需不定期开办活动吸引消费者并宣传自身。

再次是政府需要对旅游电商环境建构进行帮助。建设电子商务平台绝不是独自就可以完成的事情，社会和政府的帮助起到了极其关键的正向作用，可以说平台建设离不开政府的支持和帮助。为建构优秀旅游电商环境，政府需规范旅游电子商务相关法律、法规，将弄虚作假、伤害消费者权益的劣质企业消灭，同时积极奖励高质量的优秀电商企业。旅游体制需要改革和创新，旅游产业链需要更多的新鲜血液。企业在经过完善之后，需要政府的支持和帮助，在人文风景的基础之上，宣传出行、居住、娱乐和购物合为一体的旅游链条模式。除此之外，要结合乡村文化本身具有的人文风景，建立特色化、多元化旅游方式。

最后是要将电商平台建立成专属乡村旅游的平台。乡村旅游管理者可以学习先进经验，打造专属乡村旅游电商平台，提高电子商务平台的服务质量，满足旅游者需求，提高游客对电商平台的服务满意度，乡村旅游资源营销中电子商务的价值因此展现。为保证农村电子商务信息服务平台上的信息真实且权威，审核部门要极其严谨仔细，避免产生误导，造成不利影响。文字使用尽量避免华丽辞藻，以简单易懂为出发点和目的，结合图片与视频，直观且迅速地将信息传递出去，通过人们对该地区的了解来宣传效果。宣传时应结合当今迅速发展的科学技术，往专业、个性的方向去发展服务，如根据关键词自动回复的功能，可以在游客提出疑问时及时反馈，提高游客满意度，从而促进乡村旅游电商的发展。在乡村旅游电子商务平台的定位方面，设立乡村旅游栏目，专门对乡村旅游的各种资源进行展示和说明介绍。服务方面要借鉴先进的旅游电子商务平台，开通线上客服服务、线上酒店住宿预订、线上门票预订、线上导游服务、线上多元信息查询服务等。应提高对于宣传工作的重视程度，积极宣传自身，吸引旅游者前来旅游。

三、线上支付与线下体验相结合

互联网已经成为现代人群离不开的生活、生产方式，它既是一个交流的平台，又是一个消费的平台，具有共享性、实时性、高效性、开放性等特点，形成了互联互通、大数据和高流动开放的有机生态圈，它的迅速普及极大改变了人们的生活方式。而“互联网＋”则更加贴近消费者，通过分析互联网所收集的信息数据，快速优化产品和服务，提供更人性化的消费体验。乡村旅游通过融合互联网，整合互联网技术和思维，全面开创乡村旅游的革新，用互联网的思维运作旅游项目，通过强大、即时、开放、精准的互联网数据资源，全方位地整合各类信息资源，根据消费需求创新性地开发传统乡村旅游项目，通过互联网技术和理念提升乡村旅游项目价值，通过融合电子商务，实现线上支付、线下体验，结合“互联网 +”，拓展乡村旅游的各类新型营销方法和手段，带动更多的人流、商流和信息流。

要实现乡村旅游的快速及可持续发展，采用互联网思维和互联网融合是关键。借助互联网海量的消费者数据和强大的影响力，指导乡村旅游的项目设计和挖掘，通过强大的互联网的互动、营销和造势，线上和线下结合，带动大量的消费者参与乡村旅游。通过与各大旅游门户网站和营销平台的合作，挖掘、包装、整合、重组乡村旅游资源，对其进行规模化、品牌化管理，实现旅游资源的有效再利用。依托互联网信息平台，整合分散的乡村旅游资源，强化线上推广、品牌建设和数字化赋能，带动乡村旅游领域多样化的创新创业；将休闲娱乐、文化创意与乡村旅游、民俗文化、现代农业和美丽乡村建设紧密结合，推广线上农产品渠道，引入社会资本，激活乡村创业。

在互联网技术的不断发展和海量互联网数据的背景下，企业可以借助互联网技术和数据精准了解消费者乡村旅游的喜好和需求，开发传统的乡村旅游项目并挖掘满足消费者个性化需求的特色项目和产品，推陈出新，加上整体依托互联网手段的全方位营销，实现乡村旅游品牌项目。借助互联网发展乡村旅游，实现互联网、电子商务与乡村旅游的深度融合，一方面需要建立完善的“互联网 + 乡村旅游”基础设施，保障消费者方便快捷地使用互联网；另一方面，要大力引进互联网专业人才，通过专业人才保障“互联网 + 乡村旅游”的项目实施和技术服务。

四、以数智化旅游为基础发展电子商务

乡村振兴战略的实施带动了全国各地乡村文旅产业的发展。漫步在乡村，随处可见生机盎然的美丽画卷，时时刻刻能够感受到历史文化的洗礼和科技带来的新体验。“数智化转型”成为近两年互联网的“热词”，给乡村振兴装上了“数智引擎”。物联网、大数据、人工智能、第五代移动通信技术（5G）、虚拟现实（VR）、机器人等技术变革纷至沓来，开启了数字化、智能化乡村文旅发展的新征程。从

田园美到科技美的跨界融合，科技进一步融入了乡村文旅的各个方面，“互联网+商旅文联动”“乡村景区+现代科技”“文旅小镇+数智化”等已经成为发展数智化乡村文旅的重要路径。

1. 构建数智商旅文联动模式

商旅文联动模式就是“以商业为核心、以旅游为驱动、以文化为内涵”的联动模式。它们利用各自的经营优势相互渗透、共同发展。我国蓬勃的数字产业生态推动着乡村文旅在游前、游中、游后的数智化联动。

游前，县域及乡村可联合相关影视制作、赛事策划等单位，推出有关乡村特色文化、优美的自然景观、原生态的乡村生活方式和生活内容的影视作品与宣传视频，并利用互联网平台发布，传播当地智慧财产（IP），形成基于旅游 IP 的产业链，通过宣传将衍生出的大量 IP 进行商业化开发；游中，陆续推出以乡村文化和旅游为主题的数智化景区和度假区，通过定制化、个性化、特色化旅游产品的搭载，打造沉浸式的智慧旅游新模式，让游客可以深度互动体验；游后，则通过提供特色创意产品，如相关电影纪念品、AR 手绘地图等乡村纪念品，提升服务质量，提高游客黏性。以数智技术为代表的先进技术或理念涌入乡村，可以对天然古朴的旅游资源进行加工和设计，形成具有当地特色的旅游观光、体验产品或可直接售卖的旅游附加产品。游前、游中、游后的联动既能提高游客的旅游体验感，增强游客与大自然的互动，又能带动乡村文旅产业的发展。

商旅文联动模式通过乡村文旅数智化平台规划，整合了乡村的旅游资源，将商业、旅游、文化融为一体，实现数智化的商业运营管理，提高运行效率。

以江西省庐山风景区为例，游客首先可以通过社交平台了解到景区的新闻动态、天气状况、交通状况、优惠信息、民宿信息、热门景点、美食的短视频简介等，然后通过移动 App 预订自己喜欢的民宿。在出行中，游客随时可以通过手机预订网约车，即便在陌生乡镇也能轻松定位景点和民宿。在景区中，游客不仅可以体验“飞流直下三千尺，疑是银河落九天”的壮丽自然景观，还可以享受“桂花香馅裹胡桃，江米如珠井水淘”的自然美食。

2019 年，宜春市牵手阿里云 IoT，打造全省智慧旅游示范区。通过智慧旅游平台，宜春市实现了旅游产业全量、即时数据分析。平台对宜春市涉旅资源进行了数据摸底、业务数据筛选和识别，实现数据同步归集，让数据真正具有支撑实时业务的能力。同时，以“一机游宜春”移动服务为终端，为广大游客提供游前、游中、游后的“全景式、全链条、全程化”的智慧旅游服务，为游客打造24小时的贴身小管家。景区还为涉旅企业提供码上营销、海报等多场景营销工具，创新销售模式，将线下流量进行汇集和激活，带动本市旅游从业人员全面参与线上营销，引导游客转化消费，助推销售量增长，构建人人参与、人人受益的旅游营销新格局，打造多渠道同步、多场景应用的旅游营销服务生态圈。

数智化的乡村不同于传统意义上基础设施落后的乡村，而更像是延伸进大自然中的城市生活。在民宿内，音响、电视、窗帘、马桶等智能家居一应俱全，充满科技感，可以让游客体会到科技带来的温暖，游客的生活水平并没有降低。这种消费生态链、旅游生态链与文化生态链的有机融合，不仅拉近了乡村与城市的距离，还提升了商业与消费者之间的默契度和黏合度。

2. 打造数智化文旅小镇

乡村文化是农民在长期从事农业体力劳动和生活的过程中创造出来的物质成果和精神成果，是乡村历史变迁的印证。以传统民俗、民间文化为基础的文旅小镇正焕发出新的魅力。

数智化文旅小镇就是将一个地区的特色文化元素和精神风貌与数智文化产品相结合，提高当地文化的科技感与体验感。这一过程首先通过文创挖掘、传承和提炼，形成本地特色文化；其次依托多种新兴媒体，打造一系列具有当地民俗特色、地域文化特点的数智化文旅小镇。数智化文旅小镇具有形象展示、生动诠释的传播优势，将更加有效地展示当地文化特色，更加深刻地让游客感受到当地文旅融合发展的魅力。

在中国乡村文化中，有许多具有地方特色的文化。例如历史人物、文化遗产、民间工艺、民间歌曲等。过去，这些文化内容大都通过书籍记载，或者由展览馆、文化馆、村史馆陈列展现。由于地方乡村文化传播手段保守且缺乏亮点，当前的年轻一代很难对此提起兴趣。酒香也怕巷子深，落后的传播方式使过去繁荣的传统手艺后继无人，正在面临消失的风险，传统文化中的精髓也即将随之湮没在历史长河中。

数智化文旅小镇将以数字化和智能化为核心，以数智化创意作为主要资源和竞争力，其内容全部以数字的形式呈现，通过智能设备进行推广和宣传，对乡村文化进行创造性的改变，打造乡村文创 IP，从而实现创新性的发展。

在数智化文旅小镇游览时，游客可以通过佩戴 3D 眼镜等智能设备，身临其境地看到一张张充满年代感的老照片、一件件珍贵的时代文物、一处处古老的历史建筑，仿佛回到了曾经。数智技术让游客真正感觉到时代赋予的意义，感受到历史文化与科技的碰撞。通过数智技术，传统文化和生活方式不再是书本中死气沉沉的文字，而是活灵活现地出现在眼前的虚拟形象，这大大提高了年轻人对传统文化的接受能力，有助于传统文化的传承。

此外，数智化文旅小镇还可以通过数字版权“艺术授权”产生的衍生品，利用文创产品对小镇历史文化进行宣传，从而打造“魅力乡村、文化古城、科技小镇”交相辉映的城镇亮丽名片。

数智化文旅小镇不仅可以实现“魅力乡村、文化古城、科技小镇”的完美融合，还可以实现对区域的智能化管理。首先，通过数智化文旅系统可以实现小镇全域客流情况的实时监控、预测及历史统计。其次，通过游客画像、消费行为数据，分析流量结构，可以优化小镇运营，完善业态及内容升级，实现整个小镇运营平台与游客之间的链接，提升流量转化效率，保证市场、运营、IP 传播的有效性。数智化文旅系统中还包括可视化管理平台。该平台利用实时渲染技术，深度展示小镇的三维全貌，打造小镇的数字地图；结合文化、旅游资源全要素一张图和大数据应用，实现小镇态势综合显示、应急指挥调度、数据分析等，最终实现小镇的数智化管理。

此外，数智化文旅小镇中还包括智慧民宿、智慧餐饮、智慧导览、智慧购物等智慧管理服务。小镇可通过分析游客客群信息进行针对性的推送，提高服务信息传达的精准度，在更有效地服务游客的同时促进消费。游客来到数智化文旅小镇，不仅能看到乡村景色的美，还能领略到乡村文化的美，也能体验到科技带来的震撼。

利用数字孪生技术打造的新型超级平台和生态体系也是数智化文旅小镇发展的新方向。例如，湖北省关圣古镇正把整个小镇进行 1 ∶ 1 还原，并且利用实时渲染技术，在建设阶段就能将未来景区的景观节点、光照及天气效果向游客进行精准呈现。它整合线上、线下资源，利用多感官交互技术创造深度沉浸式文旅体验，创造场景与内容、技术与产业的跨界融合，打造“智慧文旅数字孪生平台”。

另外，该古镇结合关圣IP和三国文化主题，并通过相应的建筑风格和场景来表现，使项目具有文旅沉浸式的体验空间，打造“全时段、全客群、全龄层、全体验、一站式”的文旅古镇。将数字孪生技术应用到景区中，有漫游模式、自动漫游模式、俯瞰功能。体验者能够全方位地感受古镇，欣赏古镇的一街一坊，沉浸在科技中，仿佛身临其境。同时，还有日景夜景切换、天气模拟系统，大大丰富了游客的感官体验。运用数字孪生技术，能够使游客全方位、多角度、更直观地感受关圣古镇的魅力。

数字经济的浪潮持续推动着乡村文旅产业的发展和升级。未来，我国乡村文旅应在尊重本地文化、包含本地生态景观的基础上，借助数智技术进行一体化开发和运营，提升旅游资源的服务水平和利用率，促进乡村文旅与科技深度融合、互动发展，实现数智化乡村文旅的新体验。

五、拓展乡村旅游与电子商务的发展路径

第一，打造乡村旅游特色产品。随着时代的发展，步入互联网世界的人们已然开启个性化消费模式，网络的便捷和经济的提高使大部分人已体验过农家乐，因此类似于农家乐的传统乡村旅游特色已经不足以吸引消费者前来消费。乡村旅游管理者应不断创新，不得局限于过去和现在，而要顺应时代的潮流走向未来，以乡村自身为核心，不断创新，打造属于自身的旅游特色产品。

第二，开发新业态类型产品。当今人们对于旅游的要求越来越高，普通的业态类型已经无法满足大多数人。可以采取个性化、特色化、精品化理念，开发乡村旅游、休闲农场、乡村营地、艺术村落和民宿等新业态类型，通过旅游吸引流量，通过流量助推农特产品销售，通过线上、线下融合实现旅游和带货相结合。

第三，将乡村旅游网络可视化。在线上“微信互动、网上订购、关注抽奖、媒体网络互动、大众广泛参与”，线下“野外踏青、景观垂钓、采摘乐趣、健身暴走、畅享自然”的基础之上，根据不同游客的不同需求私人定制个性化产品，并将其网络可视化，通过网络来对产品进行实时分享，吸引线上消费者来线下旅游，促进线下旅游者的线上消费。

第四，通过大数据促使乡村旅游改革。目前乡村旅游同质化日益严重，很多人在寻找突破点，这个突破点就是定制化，农村电商的大数据给了定制化一个支

点，可以从消费者需求进行相应的供给侧改革。

第五，建设复合型人才队伍。首先是各大高校成立更多与农村旅游电子商务有关的专业，设立合理科学的课程体系，培养出更多农旅电商复合型人才。其次是培训机构对当地已经开展农旅电商相关工作的主题进行相关培训，通过专业的技术理论培训，提高水平强化认知。最后是聘请相关专家和高级人才开展讲座，对所提出的问题和面临的困难提出针对性的专业回答，实际解决问题，跨过困难。

第六，政府积极提供支持帮助。首先是在招商投资方面加大力度，对资金使用严格监督，确保管理团队的责任与专业素质，给予投资活动安稳保障。其次是推出真正惠及农民的政策，利用社会资源，充分发挥职能，激励农民参与农旅电商的建设，在政府的引导带领下，实现共同发展。最后是明确政府与市场关系，禁止出现越位、缺位现象，要合理分配收益来积极扶持新型经营主体，实现多方面共同发展和共同富裕。

第四章　乡村振兴背景下农村电子商务助农发展路径

本章为乡村振兴背景下农村电子商务助农发展路径，共三节。第一节为农村电子商务助农概述，第二节为乡村振兴背景下农村电子商务助农的现状，第三节为乡村振兴背景下农村电子商务助农的对策。

第一节　农村电子商务助农概述

一、农村电商助农的内涵

电商助农是中国助农的一种新模式，随着互联网和物联网技术的高速发展以及“互联网 +”与各行各业的全面融合，新的商业模式和新的业态不断涌现，“互联网 + 助农”成为中国助农工作体系的重要方式和手段。通过互联网，通过电子商务创新助农开发的理念、方式和实践以及建设农村互联网发展所需的基础设施，鼓励和引导成熟的第三方电商企业下沉农村，共同培育农村电子商务生态圈和农民的互联网、电子商务意识，在构建农村电子商务服务体系和物流体系的基础上，帮助更多农民掌握电子商务运用能力，让更多的农户利用互联网技术手段和电子商务平台实现创业和就业，让更多的农产品上行进城，通过一店辐射多村、一户带动多户的方式实现产业振兴、农民增收，同时进一步促进当地农特产品的种植、加工和销售。从 2011 年起，学界专家认为在中国农村，具有区域优势的农特产品十分丰富，但传统的农特产品种植、生产、加工、销售制约因素很多，在短期内提升的空间很小，互联网的快速发展，特别是电子商务这一新商业模式的发展为农村产业的大发展和大振兴提供了催化剂，电子商务弥补了农村的产业振兴、农民致富的短板和不足，如何分享互联网——特别是电子商务——快速发展的红利，如何全方面融入互联网和电子商务，抓住电子商务平台发展的历史机遇尤为重要。随着“电商助农工程”的不断推进和完善，与主流电子商务平台和第三方物流服务公司的合作力度进一步加强，对各个地区电商助农的探索也在不断深入，这鼓励和吸引了更多的电子商务平台和第三方物流服务公司下沉农村，投入更多的资源和资金布局农村电商。

二、农村电商助农的好处

（一）为农村赋能

电商助农是一个系统的工程，其核心在于“赋能”和“增能”。通过农村电子商务发展的全面推进、互联网文化氛围的融入和一系列与电子商务相关的培育的推进，让农民和市场主体享受互联网和电子商务快速发展的红利，在享受互联网和电子商务发展带来的成果和便捷的同时，快速获得运用电子商务销售农特产品的能力，打破城乡之间信息的壁垒，让城乡之间、消费者和农民之间实现无缝对接，彻底解决信息不对称的问题，实现由“输血式”向“造血式”的转变。

（二）促进农村创业

依托电子商务平台进行创业，相对于传统的方式而言有更多的机会。电子商务平台不仅面向全球，拥有庞大的市场，而且属于低门槛、低成本的创业方式，对于创业资源相对缺乏的农民开展创业活动具有更多的优势，创业成功的概率也更大。让优秀的人才能够留在农村，实现创业成功。

（三）促进农民增收

通过互联网和电子商务平台，大幅提升相对贫困地区农民获得网络信息和运用电子商务的能力，增强创新发展能力，拓展农产品上行的渠道和市场，更好地利用互联网和电子商务平台及网络销售的方式把农特产品销往全国各地乃至世界各地，实现城乡信息一体化，在硬件、软件、信息上无缝对接，打破农村信息闭塞和信息不对称的现状，利用互联网手段打造农特产品网络品牌，提升农特产品的价值，实现优质优价，助力当地农村产业振兴和农业经济发展，拓展农村就业和创业的渠道，促进农民增收。

（四）反哺农村发展

互联网和电子商务平台最大的价值在于其庞大的即时数据，它零距离面对庞大的消费者，因此拥有精准的商品流通、消费者喜好等大数据，通过这些大数据反哺农业和农民，让涉农企业和农民利用电子商务平台大数据革新传统的农业经济发展和农产品种植，改变农民传统的认识意识、生活习惯和生产方式，帮助农民建立消费者意识、网络平台意识、大数据分析意识、标准意识、质量意识等，从而倒逼产业转型。

三、电商助农的形式

（一）精准到户

直接扶持低收入群体，把低收入人员等帮扶对象作为重点电子商务助农对象，从开展电子商务初级培训开始，帮助这类特殊群体，了解电子商务，掌握电商知识，掌握电子商务操作基本技能，从选品、开店、装修、运营、推广、销售、快递等进行一条龙网上创业，同时在更多政策的支持下，对接各类资源，并提供后续服务，让低收入人员等帮扶对象通过网上开店并经营店铺，成为专业的网商，通过在电子商务平台就业和创业实现增收致富。

（二）构建产业链

电子商务产业链不仅是网上开店、网上销售，它牵涉到一个庞大的产业链，每个节点都蕴含着许多的就业和创业机会。一方面，通过完善电子商务产业链使更多的农民和相对贫困人员实现就业，并在创业方面把低收入人员等帮扶对象培育成可以自我发展的网商，树立榜样，培养更多的网商经纪人、网商创业能人和大户，在实现自我致富的同时带动更多的人就业和创业；另一方面，支持当地的涉农企业、从事电子商务经营和服务的企业不断发展壮大，构建完整的电子商务产业链。

（三）扩大溢出效应

在构建完整的电子商务产业链的基础上，建设农村电子商务产业园和创业基地、电子商务服务体系，实现电子商务完整产业链的集聚效应，推动涉农的电子商务规模化发展。通过电子商务的规模化发展，达到整个电子商务新模式发展的溢出效应，建立庞大、良性和可持续发展的电子商务生态圈，以期提供更多与电子商务产业链各节点相关的直接或间接的就业岗位和创业机会，让更多低收入人员等帮扶对象间接或直接参与到电子商务产业链的各个节点，让更多的人分享到电子商务快速发展的红利。

第二节　乡村振兴背景下农村电子商务助农的现状

一、电商助农的成绩

经过 20 多年的不断创新发展，我国已是全球最大的农村电商国家。近几年，网上农产品销售额保持两位数增长，效果比我们预想的要好。乡村电商已成为激活城乡市场的主要途径，而农民也越来越注重消费的个性化、品牌化和多元化，从而使乡村消费的潜能得到充分释放；城市居民可以通过网络来挑选全国各地的高品质特色农产品，并且不受地域和时间限制，既方便又快速。农村电商为促进农业生产、农业产品下乡提供了便利快捷的途径，促进了城乡之间的“双向流通”。

第一，农村电商成为发展农村数字经济的突破口。电子商务从流通端切入，逐步向农业产业链上游延伸，渗透到农业生产、加工、流通等环节，推进农产品在生产、组织、管理、加工、流通、储运、销售、营销、品牌、服务等环节互联网化，从而提升全要素生产率，节本增效，优化资源配置，促进农业全产业链数字化转型。

第二，农村电商对农业生产的稳定起到了重要的推动作用。农村电子商务已成为我国经济新发展的重要动力。

第三，充分利用农产品产销高效对接、供需精准匹配、国内国际市场、创新能力持续活跃等优势，为新发展格局建设发挥重要作用。电商直播、社区团购、生鲜电商、跨境电商、订单农业、众筹农业等新的经济形态和形式不断涌现，为农产品上行、促进乡村消费升级、扩大农民就业、带动农业数字化转型、促进电商脱贫长效机制建设等提供了坚实保障。以农产品跨境电商为依托，更好地保障了我国农业的高质量发展，满足了人民对美好生活的需要；借助农产品的跨境电商，加速了“走出去”的步伐，进一步融入国际农业的产业链。

二、电商助农的特征

第一，电商助农的“新主体”日趋丰富。电商助农的“新主体”不仅仅包括电子商务主流平台（如淘宝平台、京东平台、苏宁易购平台等电商巨头），还包括电子商务产业链中各个节点的服务企业和第三方物流服务企业，同时电子商务产业链各个节点中的电商从业者、服务者、创业者和众多的网商都是电商助农的主体。

第二，电商助农新模式丰富多彩。总结起来有“大户引领型”“龙头企业带动型”“基层干部服务型”。

第三，农产品“触网”成助农“新路径”。优质的农产品正在通过电子商务拓展销售渠道、提升销售价格、增加销售量，利用电子商务改变农产品信息不对称的局面。

三、农村电商的问题

农村电商是我国突破农村数字鸿沟、促进农村物流发展的重要途径。当前，农村电商发展迅速，但出现的一些问题也需引起高度重视。

第一，缺少对电子商务的协调。各级政府都十分重视农村电商，相关部门也从各个层面制定了相关的政策，但由于缺乏横向的沟通和协作，没有形成一个以促进农村电商发展为中心的部门协调机制，造成人力、财力等的浪费，从而影响了政策的实施效果。以前，助农主要是以公益性为主，助农基础设施和服务体系主要由国家提供，市场化水平较低，难以持续发展，助农体系面临着可持续发展的问题。中小企业在“轻资产”的传统经营模式下，面临着融资难、融资贵等问题，而针对中小微企业发展的电商金融服务急需创新。

第二，网络商品的品质参差不齐。近几年，国家出台了一系列关于电商的政策，国内各大电商公司纷纷布局县域电商，使得农村电商发展势头迅猛，城乡居民充分享受到电商发展带来的数字红利。与此同时，由于产品质量等原因而产生的一系列问题，也日益成为目前县域电商发展中的突出矛盾。在下行面，农村市场供应链条长，流通成本高，农村消费者辨别能力差、维权意识薄弱等问题长期存在。尤其是近几年，一些头部企业为了获取竞争优势，以低价、假冒等方式快速占领了乡村市场，造成了“劣币驱良币”的负面效应。在农产品的上游，主要表现为：农产品标准化程度低，区域品牌影响力弱，深加工发展滞后，产品结构以初级农产品为主，农户品控能力弱，没有形成农产品标准，农产品质量得不到保障。电子商务的基础设施较差。

第三，农村电子商务的发展受到了很大的阻碍。当前，我国农村互联网普及率有了很大的提升，但是与城镇的差距仍然很大，特别是在中西部地区，虽然已经实现了全省、市、乡镇的互联，但是在农村的信息交流中，仍然存在着“梗阻”等问题，特别是在移动互联网时代，5G 的普及率还很遥远。由于农村物流末端的服务功能不强，导致了农村物流的品质降低、物流费用的增加、农产品“难以出村”、工业产品“难以进村”等问题。尤其是在生鲜农产品的电商领域，尚未形成一套完整的冷链运输、冷冻、冷链物流体系，这对我国的农业发展造成了极大的阻碍。

第四，农村电子商务人才缺乏。我国目前存在的主要问题是，我国农村电商发展存在着严重的阻碍。由于地理位置、区域经济差异等原因，我国农村电子商务人才的引进存在着困难。当前，农村电商培训的内容与方法还需要进一步完善。

第三节　乡村振兴背景下农村电子商务助农的对策

一、构建农村电商产业链和生态圈

电子商务的发展不仅促进了乡村经济的发展，也促进了乡村工业的发展，同时也通过互联网和电子商务的融合，改变了农村的治理方式、发展方式和农民的生产生活方式，通过构建农村电子商务产业链和生态圈，农村电子商务发展的环境应运而生。电商助农的实质是将网络时代新型的电子商务模式融入扶贫开发系统中。通过电子商务的方式和实践，促使更多的农产品上行进城；通过电子商务带动更多的农民掌握电子商务应用技巧，让更多的农户利用互联网技术、手段和电子商务平台实现创业和就业，让更多的农产品上行进城；通过一店辐射多村、一户带动多户的方式实现产业振兴、农民增收。电商助农包括农村电子商务发展的软硬件基础设施建设、电子商务全产业链的服务体系建设、县乡村三级的物流体系建设、电子商务金融服务体系建设、电商人才培育等诸多措施。电商助农的方式是多样化的，包括完整的电子商务产业链，电子商务市场的主体与对象也是多元化的，可以是政府、企业或是扶贫机构，也可以是村镇企业或是致富带头人。

虽然农村电商的发展势头迅猛，但是由于农村互联网基础设施薄弱、电商人才缺乏、生产方式落后、物流设施不完善等原因，农村电商的长远发展存在着很大的隐患。电商助农是一个新兴事物，更是一项庞大的工程，需要政府政策的支持、基础配套设施的更新、供应链系统的完善、电商人才队伍的引进以及持续不断的探索创新。

“授人以鱼，不如授人以渔”，建立完整的生态链对于电商助农来说是十分必要的。农村电商的市场发展亟待规范，农民们也需要系统而全面的电商培训。从农业的生产源头抓起，完善种植环节、生产环节和流通环节，构建完善的物流基础设施，为农户提供更多的融资渠道，才能够全方面建设起完整的生态链，使电商助农走得更远。

一是乡村干部和驻村干部、农业合作社、致富带头人、银行工作人员利用电商平台大数据，结合当地区域特色和优势引导涉农合作社、村民进行特色农产品、优质家禽等产品的订单生产，通过互联网和电子商务，扩展消费市场，增加就业和创业机会；通过建立网络品牌增加农产品价值，让整个农特产品在电子商务产业链中处于增值过程，实现农村产业振兴和农民增收，有力推动精准助农。

二是政府主动担当，培养一批符合当地电商产业布局、满足当地电商发展需要的电子商务人才。城市中的电子商务专业人才不愿流向农村，因此，农村中电子商务专业人才严重缺乏，要着力培养一批专业人才，把外部推力转化为内生力。

二、完善强化扶持政策

一是大力发展农业、休闲农业、乡村旅游，大力推动乡村共享经济，促进社交、直播、内容、生鲜电商等业态的健康发展。

二是要结合政府和社会力量，大力发展订单农业，运用大数据技术优化农产品供给结构。

三是要探索建立有序、共享的电子商务平台数据，充分运用大数据技术，把大数据与农业生产进一步融合，通过消费端积累的大量消费者数据，让农业生产按照消费者的需求来确定种植、生产的品种和方式。与市场建立持续、稳定的新型供需关系，赋能订单农业、定制农业、众筹农业、预售农业等创新发展，推动电商大数据与农业管理深度融合，促进数据要素高水平开发利用，从而使产业链、供应链、创新链深度协同。

四是推进“互联网＋高效物流”，健全农村寄递物流体系，深入发展县、乡、村三级物流共同配送，发展统仓共配模式，形成产业集聚效应，推动乡村末端物流线路共享，实现工业品和农产品的双向流通。

三、加强基础设施建设

一是要加快农村电商体系建设，深入推进“互联网＋”农产品进城工程、电子商务进农村综合示范工程、农产品仓储保鲜、冷链物流等工程，完善农村快递物流基础设施，为农产品“出村进城”提供有力保障。

二是支持新型基础设施建设和新农村建设，利用网络直播引导新型零售、在线旅游、教育、娱乐等新业态进入农村，构建农村互联网生态，挖掘农村发展潜力。

三是在东部和中、西部地区建设一批具有特色的电子商务创新示范基地，重点解决其发展不均衡、不充分等问题。

四是在政府带领下建立中国农产品品牌营销服务平台，加强品牌塑造、营销服务和监管，充分发挥农业办公室和乡村两级的牵线搭桥作用，为市场主体对接电商平台，并通过电商平台实现优质优价，扩大品牌的影响力。

四、加大人才培养力度

一是加强农村实用技术领军人才的“农业农村电子商务”专题培训，通过培训来弥补乡村专业人才的不足，促进资源对接，规模发展，协同发展。

二是要加强专业的电商服务机构以及人才的培养，在全国范围内建立专业的乡村人才培养基地，要构建校企合作的人才培养长效机制，培养对农业有一定了解、愿意扎根农村的复合型人才。

三是培养专业队伍，强化实际操作，线上线下融合开展多层次的网络运营、美工、推广等业务指导培训。

四是加强对网络、线下新媒体人才的培训，培养“村红”和“农民带货主播”，使广大群众进一步了解电商，并有效地为广大农户提供市场信息，充分发挥其作用，引导更多人创业。

第五章 乡村振兴背景下农村电子商务的创新发展路径

本章为乡村振兴背景下农村电子商务的创新发展路径，共三节。第一节为乡村振兴背景下农村电子商务的发展现状，第二节为乡村振兴背景下农村电子商务的优化策略，第三节为乡村振兴背景下农村电子商务的网络营销。

第一节 乡村振兴背景下农村电子商务的发展现状

一、农村电商发展的成绩

（一）农村电商规模稳步提升

2020 年全国网上零售额达 11.76 万亿元，其中农村网络零售额达 1.79 万亿元，占全国网络零售总额的 15.3%，同比增长 8.9%。其中，农村实物网络零售额达 1.63 万亿元，占全国农村网络零售额的 90.93%，同比增长 10.5%[①]（图 5-1-1）。

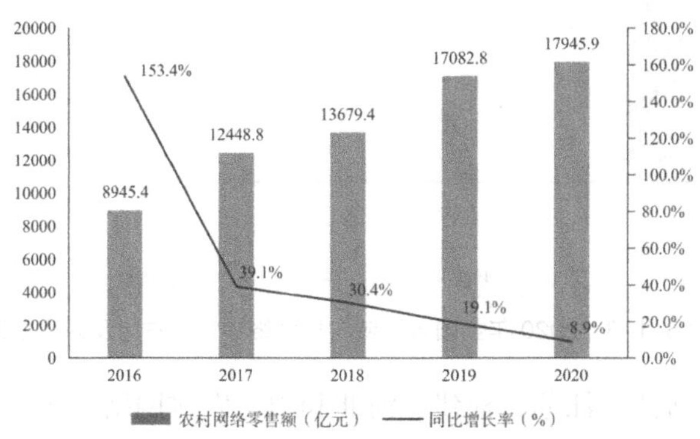

图 5-1-1 2016—2020 年农村网络零售额

① 数据来源：商务部.《中国电子商务报告 2020》.

分品类看，2020 年零售额前三位的品类分别为服装鞋帽针纺织品、日用品和家具，分别占农村实物商品网络零售额的 28.36%、17.7% 和 8.88%。增速前三位的品类分别是中西药品、烟酒和通信器材，同比增速分别为 139.1%、47.2% 和 38.9%[①]（图 5–1–2）。

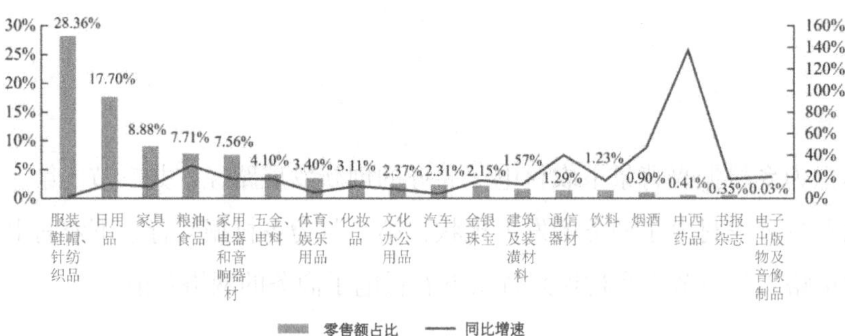

图 5–1–2　2020 年全国农村网络零售市场各品类零售额占比及同比增速

分地区看，东部、中部、西部和东北地区农村网络零售额分别占全国农村网络零售额的 77.9%、14.1%、6.4% 和 1.6%，同比增速分别为 8.1%、9.1%、15.8% 和 21.5%[②]（图 5–1–3）。

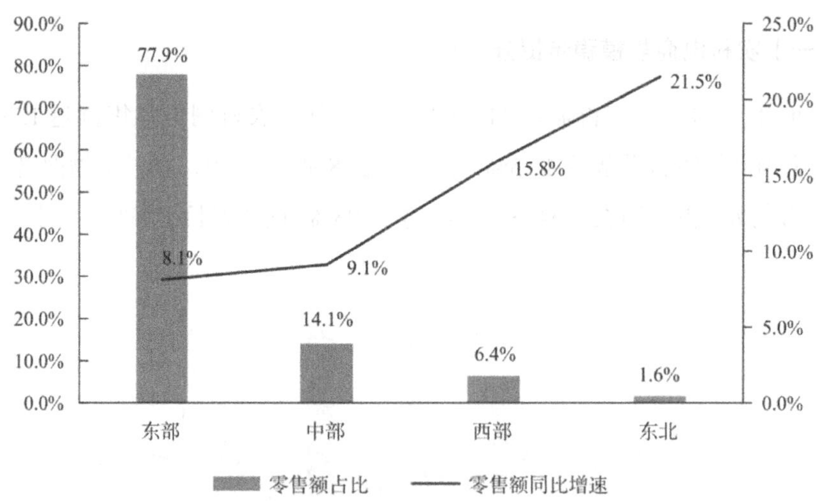

图 5–1–3　2020 年全国各区域农村网络零售额占比及同比增速

分省份看，浙江、江苏、福建、河北和山东农村网络零售额排名前五，合计

① 数据来源：商务部 .《中国电子商务报告 2020》.
② 数据来源：商务部 .《中国电子商务报告 2020》.

占全国农村网络零售额比重的 73.8%，零售额前十位省份合计占比为 90. 35%。[①]（图 5-1-4）。

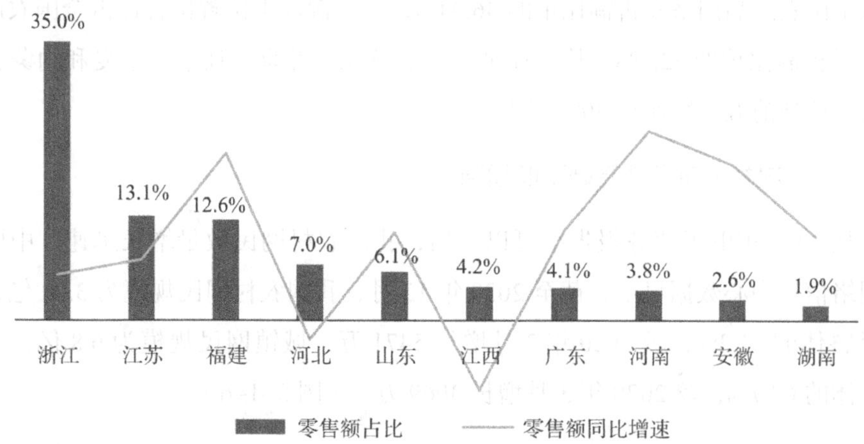

图 5-1-4 2020 年全国农村网络零售额排名前十位省份占比及同比增速

（二）农产品电商快速增长

2020 年电子商务报告显示，2020 年全国农产品网络零售额达 4158.9 亿元，同比增长 26.2%[②]。

分品类看，占零售额前三位的品类分别是休闲食品、粮油和滋补食品，分别占农产品网络零售额的 19.8%、14.6% 和 11.3%。增速前三位的品类分别是粮油、奶类和肉禽蛋，同比增速分别为 58.7%、57.7% 和 56.9%[③]（图 5-1-5）。

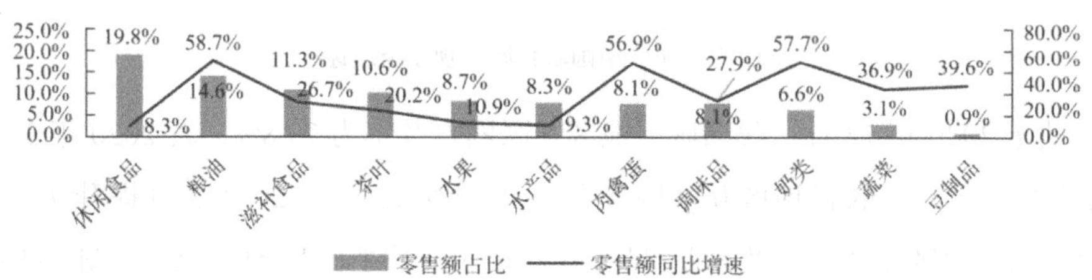

图 5-1-5 2020 年全国各类农产品网络零售额占比及同比增速

分地区看，东部、中部、西部和东北地区农产品网络零售额分别占全国农产品网络零售额的 62.46%、16.87%、14.75% 和 5.92%，同比增速分别为 27.9%、

① 数据来源：商务部.《中国电子商务报告 2020》.
② 数据来源：商务部.《中国电子商务报告 2020》.
③ 数据来源：商务部.《中国电子商务报告 2020》.

14.4%、27.3%和44.0%[①]。

分省份看，浙江、广东、上海、北京和山东农产品网络零售额排名前五，合计占全国农产品网络零售额比重的46.94%，零售额前十位省份合计占全国农产品网络零售额比重的72.7%。从增速来看，黑龙江、北京、辽宁、宁夏和内蒙古同比增速位列前五，增速在40%以上[②]。

（三）农村电商发展基础不断增强

从2020年电子商务报告中可以看出，我国农村网民数量增长迅速。中国互联网络信息中心数据显示，截至2020年12月，我国农村网民规模为3.09亿，占网民整体的31.3%，较2020年3月增长5471万，城镇网民规模为6.8亿，占网民整体的68.7%，较2020年3月增长3069万[③]（图5–1–6）。

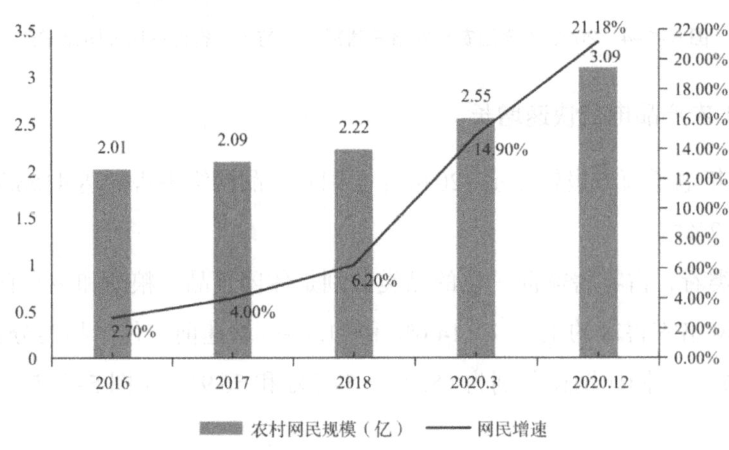

图5–1–6　中国农村网民规模及增速

截至2020年12月，我国城镇地区互联网普及率为79.8%，较2020年3月提升3.3个百分点，农村地区互联网普及率为55.9%，较2020年3月提升9.7个百分点。城乡地区互联网普及率差异较2020年3月缩小6.4个百分点[④]（图5–1–7）。截至2020年末，电信普遍服务试点累计支持超过13万个行政村光纤网络通达和数万个4G基站建设，其中约1/3的任务部署在贫困村，全国贫困村通光纤比例从“十三五”初期的不足70%提升至98%，深度贫困地区贫困村通宽带比例从

① 数据来源：商务部.《中国电子商务报告2020》.

② 数据来源：商务部.《中国电子商务报告2020》.

③ 数据来源：2021年2月3日.中国互联网络信息中心.《中国互联网络发展状况统计报告》.

④ 数据来源：2021年2月3日.中国互联网络信息中心.《中国互联网络发展状况统计报告》.

25% 提升到 98%，提前超额完成“十三五”规划纲要要求的宽带网络覆盖率 90% 以上贫困村的目标[①]。

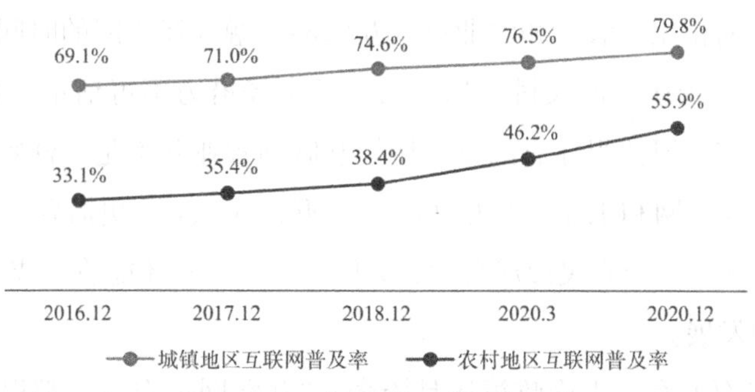

图 5-1-7　城乡地区互联网普及率

2020 年，全国共建成县级电商公共服务中心和物流配送中心 2120 个，村级电商服务站点 13.7 万个[②]。我国在基本实现快递网点乡镇全覆盖的基础上，将快递直投到村比例提升至超过 50%。农村地区揽收和投递快递包裹量超过 300 亿件。农村地区邮政快递业务量比重达 36%，比 2019 年提高 12 个百分点[③]。

2020 年，我国电商物流农村业务量指数保持增长态势，全年均高于电商物流指数。受到新冠肺炎疫情影响，2 月份农村电商物流总业务量指数 101.9 点，比 1 月回落 22.4 个点。全年其他时间环比均上涨，且 12 月份业务量 126.8 点，比 11 月上升 0.4 个百分点，为 2020 年全年最高水平[④]（图 5-1-8）。

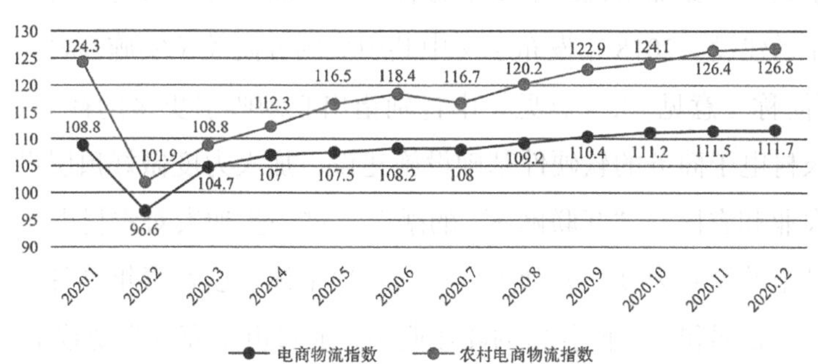

图 5-1-8　2020 年分月电商物流指数和农村电商物流指数

① 数据来源：2021 年 2 月 3 日．中国互联网络信息中心．《中国互联网络发展状况统计报告》．
② 数据来源：2021 年 8 月 17 日．农村农业部．政策与改革司对十三届全国人大四次会议第 3657 号建议的答复摘要．
③ 数据来源：2021 年 3 月 3 日．人民网．2020 年我国农村地区收投快件超过 300 亿件．
④ 数据来源：商务部．《中国电子商务报告 2020》．

二、农村电商发展的难点

当前互联网科技发展迅猛，我国农业发展得益于互联网技术的新发展。与发达的城市互联网相比，农村和农业进入互联网、融入互联网的时间相对较短，受到的限制也相对较多。但农村市场及农业的市场潜力不可估量，是“互联网 +”最有希望的领域。但值得注意的是，做好互联网农业并不是一件容易的事情，相对于城市发展互联网和工业融合互联网，“互联网 + 农业”更需要政府、服务机构、企业、合作社和每一个农民形成合力，共同努力，这样才能收获成果，助力农村、农业和农民的发展。

从国家层面上看，无论政策还是资金，“互联网 + 农业”都得到国家大力扶持和资源倾斜，上至党中央，下到各级政府都出台了扶持农村电子商务发展的政策，各种政策纷至沓来，政策的落实也是坚决有力。自 2013 年以来，中央一号文件一直关注如何以新理念、新科技、新业态来带动农村产业的新发展，并加快农村及农业的现代化。作为农村创新发展的重要新生事物，互联网为现代农业、农村发展赋予了新动能。以电子商务为代表的新科技、商业新模式和新理念成为引领农业产业链延伸的重要平台。加快发展农村电子商务以快速实现农村产业振兴的课题已经连续七年得到了中央一号文件的关注。从 2017 年开始，中央一号文件中农村电商的分量逐年加重，政策的导向也进一步加大，首次单列“推进农村电商”小标题，更加重视线上线下融合、农产品上行、农村物流和农村电商完整的生态体系建设。2018 年发布了《中共中央国务院关于实施乡村振兴战略的意见》(以下简称《意见》),《意见》中特别指出必须吸引更多的社会资本和资源，重点发展农村电子商务的软硬件基础设施建设，加大力度做好顶层设计，整体推进农村、农业和农民与“互联网 +”的融合，进一步加大对农村电子商务发展的基础硬件设施的投入力度，鼓励支持包括农户个体、创业青年等各类农村振兴的主力军融入互联网和电子商务新的商业业态，通过电子商务实现致富梦。

从市场的发展规模上看，2021 年全国农村网络零售额 2.05 万亿元①。互联网的发展不仅改变了城市人群的生活、工作、娱乐和消费习惯，也打破了农村相对封闭的、落后的现状，互联网加强了农村与外部世界的连接，更多的资源和信息通过互联网快速地流入农村，农村的活力得到了加强。电子商务的发展从城市走

① 数据来源：2022 年 1 月 27 日，商务部召开例行新闻发布会。

向农村已经成为一种趋势，特别是农民。面对传统的行业，农民个人创业总体不具有优势，而农村电商给了农民一个公平的机会，农民可以是种植户、经营户，还可以是利用电子商务平台进行创业的网商。但是，农村电商的发展并不是一帆风顺的，在快速发展的互联网经济下仍然存在很多的问题和挑战。

（一）对农村电商认识不清

互联网及电子商务的发展趋势是从城市走向农村，自2003年以来，电子商务在城市出现了井喷式的发展，而从2015年才开始走向中国的农村，各大电子商务平台如淘宝、苏宁易购、京东等主流平台都开始关注并全力拓展农村电子商务市场，从城市走向农村，同步开展新的“上山下乡”的农村电子商务发展战略。由于中国农村有着几千年传统的生产生活方式，加上自身的局限性，所以包括农产品在内的生产销售都以个体进行，产品的品控保证、溯源无法追踪，加上整体的硬件设施（包括网速、物流、冷链）远远无法满足农产品通过互联网特别是众多电子商务平台销售到各地，因此，农村电子商务步入了一个怪圈，“长短腿”现象严重，其中“工业品下行”发展迅速。相对各类资源，包括电子商务平台，对于“工业品下行”投入的资源更多，而“农产品上行”投入的资源缺乏，从而造成“农产品上行”增速缓慢，对乡村振兴和农村产业发展来说，“农产品上行”尤为重要。在全国上下上演工业品下乡的大戏中，很多县域乡村没有深入了解电子商务这个新的商业模式的本质，没有也无力做好县域农村电商的顶层规划，只能跟着电子商务平台被动地发展农村电商，对于自身县域如何融入互联网、如何发展电子商务、如何选择和培育农村电子商务行业的主体、如何选择自身的产业及农产品、如何培育和引进电子商务专业人才、如何提供政策支持和服务都缺乏思考，往往东一榔头西一棒子，不成系统，只能零星地开展电子商务行业。

当前许多乡镇的村干部、村民对电子商务的了解不足且不精确，大多数人会觉得互联网就是“上网”，电子商务就是“上网买卖东西”，只要把产品放在电子商务平台销售就可以，没有真正理解电子商务本身的含义、特点、商业模式和运营模式。也有人说，网络和电子商务是都市里的人操控的，是高科技工作，农民无法从事电子商务的农产品销售工作。一方面，农村的硬件设施特别是网络通信设施、交通设施、冷链设施和溯源技术比较薄弱，远远达不到发展电子商务的基础设施要求，整个农村电子商务发展产业链缺乏相关节点的电商配套机构和公共服务，城市中大量存在的电商创业园区和孵化基地没有在乡村落地，大部分没有相关服务，物流成本过高，因而力量薄弱，没有形成电子商务发展的“集聚效应”。另一方面，农村从事电商创业技能不足。绝大部分的农民和返乡青年或多或少都了解一些电子商务知识，特别是返乡青年，大多有过在电子商务平台购物的经历，因此，对电子商务及电子商务平台买卖商品并不陌生，但是也仅仅停留在了解和参与电子商务平台购物这个层面。也有很多的农民和返乡青年对于在电商平台创业或者销售农产品有较大的期待和向往，但是也仅仅停留在向往和期待的层面，对于如何真正进行电商平台创业无从下手，电子商务具体商业模式的真正内涵很少有人能够了解和掌握，至于如何在电子商务平台运营和推广产品更是无从谈起。随着电子商务的深度发展，从事电子商务创业的主体由初期的以个人创业为主发展到现在的以团队创业为主，电商平台销售和创业的难度与日俱增，越来越多的电商平台需要创业者掌握更多的电子商务专业技能。运作电商项目除了需要掌握整个电子商务运营的流程人才之外，还需要电子产业链中的专才，包括选品、网络品牌创建、供应链整合、摄影摄像、美工、视觉设计、仓储、物流等专才。而许多农民和返乡青年大部分不掌握这些相关技能，没有品牌意识、品控思维、资源整合能力以及整体运营思路，对于自身运营产品的定位不明确，不了解消费群体的喜好，等等。

（二）农村电商的服务体系不健全

农村电商发展“长短腿”，主要的根源在于电商发展基础的薄弱，没有成熟的电商发展主体，没有完整的电商生态圈，没有专业的电商服务机构，没有能够发挥电商“集聚效应”的农村电商创业园。在作为农村电商发展主体的农民和返乡青年大部分不掌握整个电子商务运营的流程及整个产业链节点相关技能的前提下，要想发展农村电商，就必须提供相应的电商服务，建立完整的电商发展生态圈。从政府层面来讲，在做好农村电商发展的顶层设计的同时，还要在政策上、资源的整合上加大力度，通过行政加市场两只手形成的合力，内培外引，建立完整的电商发展生态圈。

农村电商的发展，离不开完善的电商交易体系、物流仓储加工的配套以及完善的产业体系。但我国大部分农村地区还没有建立起完善的网络营销服务系统，农村电商服务发展相对落后，在软件开发、仓储快递、冷链物流、营销运营、摄影美工、追溯防伪、人才培训、金融支持等产业链环节缺乏优秀的电商服务企业。农村地区的物流服务供应商数量少、服务品质与服务价格不匹配，这些因素都影响了消费者的购物体验。此外，农村地区电子商务培训、代运营、摄影美工等服务不够完善。目前，我国农村电商发展的速度较慢，已经成为制约我国农村电商综合竞争力的重要因素，迫切需要构建本地化、开放共享、线上线下结合、上行下行贯通的农村电商服务体系。

（三）农产品的供应体系不健全

随着中国消费者从解决温饱到追求个性和产品品质，顾客的需求层次已经有了一个质的提升。更多顾客的产品需求体现出个性化特征，喜欢质优价廉，特别是凸显本地特色的农产品。一方面，需要销售的农产品不仅应当优质，并且具有区域优势和区域品牌，在保证产品质量的前提下进行安全的运输；另一方面，购买的农产品还应当能够溯源和追踪。特色的农产品一旦得到市场和顾客的认可，就会获得巨大的需求产量。但是农村的现状往往无法保证农产品的质量和数量。农民种植农产品更多的是以家庭为单位的单兵种植，产量小，质量不均匀，种植的随意性强，缺乏计划性，产品的质量无法保证，缺乏相应的标准，单兵形式的电子商务平台销售无论在运营上、质量上、价格上还是数量上都没有竞争力。往往是要么无销量，要么有销量了却无法提供产量，产品供应不上。这里存在一个严重的问题，就是有产业，却没有企业进行产业的整合，没有形成抱团作战。

冷链物流、供应链整合和物流配送是发展农村电子商务最重要的环节，它们的发展是否完善，成本是否具有优势，都关系着电子商务的发展。目前，很多的乡村物流成本高，没有供应链整合，没有仓储，第三方物流公司覆盖农村的面很小，物流配送成本过高，这些直接影响了电子商务的发展，这也是县域农村电商物流和冷链的现状。

目前，我国农产品电商供应链体系尚不完善，制约了农产品上行。一是农产品标准化程度低。不少地方特色农产品出自家庭作坊式生产，农民品控能力弱，没有形成农产品标准，农产品品质得不到保障。二是供货能力不足。我国农民生产组织化程度低，仍以单一农户经营为主，农产品在生产、加工、运输、销售等方面经营主体规模小，服务能力和市场竞争力不强，一部分农民没有按照电商平台的要求对产品进行分级包装，使得农产品不适合网上销售。三是配送效率仍需提高。近年来，农村快递物流体系建设取得长足进步，但在配送及时性、可靠性、服务水平、快递成本等方面，与城市比较仍存在较大差距。四是需要进一步完善追溯制度。农产品质量安全问题日益受到广大消费者的关注。为使流通环节变得透明，在追溯系统方面，政府行业都进行了一些探索，但只涉及部分产品和流通环节。由于农产品的流通链条较长，而消费者对产品的销售渠道缺乏认识，因此商品在网络交易中出现了“劣币驱逐良币”的情况。

（四）农村电商的人才紧缺

在电子商务发展的现阶段，最核心的竞争力就是人才。在农产品的电子商务运营和推广的过程中，最需要的就是不仅具有电商专业知识和技能，还了解农村、农民、农产品和顾客的人才。而这类人才也是农村发展电子商务最紧缺的，工作生活的环境、便捷性阻碍了有能力的优秀电商人才来到农村创业和发展，这也大大制约了农村电子商务的发展。

农村电商人才培养滞后是制约农村电商发展的重要因素。农村电商在运营推广、美工设计、数据分析等各个岗位、高中低各个层次，都有不同程度的人才缺口，尤其缺少高端复合型人才。乡村基础设施与公共服务不到位，农村电商人才“难培、难引、难留”现象尤为突出。如何调动各方积极性，加大对农村电商人才的培养和指导，是实现农村电商健康可持续发展亟待解决的问题。由于农民个体差异较大，当前农村电商培训内容和培训方法的针对性有待加强，主要表现在以下两个方面：一是农村电商人才培训形式单一。理论课多，实践课少；现场课多，远程课少；电脑端多，手机端少；上课培训多，跟踪辅导少。二是培训内容有限且不成体系。一些电商培训机构只教授开设店铺、撰写文案、上传图片、发布消息、接受订单等平台基本操作知识，对产品策划、运营推广、美工设计、数据分析、客户关系维护、物流仓储等专业型课程没有系统培训。

（五）农产品缺乏竞争力

随着农业生产效率的极大提升，我国农产品物质生产极大丰富，农产品总量已经供大于求。总体上，农产品的初始产品价值较低，其大部分市场价值产生在离开生产领域之后。但是在从生产者到消费者的流通过程中，大多数农产品未经加工或仅经过简单的粗加工就进入消费市场，增值空间较小。另外，一些农产品包装简单、雷同，同质化问题突出，难以令消费者产生品牌信赖和购买欲望。导致农产品同质化的原因有许多，归纳起来主要有以下几点：

第一，深加工投入不足。我国农业生产专业化水平较低，大多数农产品都是粗加工，产业链较短，难以形成高附加值的深加工农业产业链，使农产品在进入市场时多为初级农产品。特别是水果类农产品，几乎是原始状态。这些农产品没有经过深加工，贮藏时间短、运输不便、销路单一，容易出现短缺或过剩现象。

第二，科技投入不到位。我国农业科技投入较为落后，农业科技成果转化率较低。农产品的科技含量低直接导致优质初级农产品缺乏，农产品种类单一，适合进行深加工的农产品少。这不仅影响到整个农产品行业的持续良好发展，也直接影响到农产品的产业附加值和农民的收入水平。

第三，农产品龙头企业紧缺。农产品龙头企业在农产品的品牌营销中起着非常重要的作用。它既承担着农产品资源的整合，又肩负着农产品的品牌建设。但是，目前我国的农产品龙头企业较少，特别是实力较强的农产品生产企业就更少。造成农产品龙头企业较少的原因首先是农产品生产的传统习惯是分散化生产，这就造成了农产品经营效率低、生产企业规模小、总产量低的情况，从而导致规模效益缺乏；其次是农产品生产企业的流通专业化水平低，导致生产成本和经营成本较高。

（六）农产品品牌创新不够

在市场经济条件下，农产品品牌作为农产品与经营者参与市场竞争的必要手段，发挥着不可估量的重要作用，其核心作用和价值是提升溢价。相比工业产品的品牌投入，农产品的品牌投入非常有限，这使农产品的溢价空间较小。目前，我国大部分地区的农产品生产与销售未能有效地与本地文化相融合，从而忽视了农产品品牌内涵的挖掘和研究，未能形成令消费者满意的品牌价值。

当前，我国农产品总量和品类均出现“爆发式增长”，消费者面临的可选择信息越来越多。在农产品中，无公害农产品、绿色食品、有机农产品和农产品地理标志是我国政府主导的安全优质农产品品牌，但整体上品牌众多，杂而不亮。我国累计拥有近3000个“农产品地理标志”品牌，但由于品牌战略规划缺乏、管理体制不顺畅、品牌推广简单等问题，农产品品牌竞争力较弱，附加值较低。另外，农产品品牌存在产业链条短、大而不强的问题。而部分区域有特色农产品的品牌意识，但没有申请品牌专利，容易与市场上其他类似产品混淆，影响该区域品牌口碑，使消费者无法形成信任和依赖，阻碍品牌优势的形成。

我国亟待构建农产品分级及标准控制体系，打造创新化农产品品牌，形成特色竞争优势，提高农产品的附加值。

（七）农产品销售效率不高

农产品销售主要是指农产品从生产者手中进入消费者手中的流通和交易过程。在这个过程中，生产者是开端，消费者是终点，而二者之间需要一座“桥梁”来连接，从而使生产者把农产品的所有权移交至消费者手中。我国已经形成了多种销售渠道共存的销售格局，但目前整个农产品销售渠道体系还存在较多问题，使优质农产品无法发挥其应有的价值，严重影响农业经济水平的提高。

第一，我国农产品生产以分散经营的小农户为主，相比规模较大的中间商，农户在获取信息的能力和销售谈判能力上往往处于弱势地位。并且由于信息的不对称，农户在农产品销售上对中间商存在较大的依赖性，往往成为价格的被动接受者，很难在农产品的交易过程中获得较大的市场利润。总体来看，单独的农户在农产品生产经营组织体系中不占重要地位，只有组织化、规模化的生产经营实体在农产品营销中才具有较强的销售谈判能力和优势，而且在开拓国际市场方面更具优势。

第二，农产品销售渠道体系烦琐，降低了流通效率。目前，我国农产品销售渠道占比最多的是多层中间商的销售模式。这种销售模式的中间销售层次太多，必然会带来很多问题。一是阻碍消费者需求信息的快速传递，导致生产者盲目生产，造成农产品积压，从而给农户带来经济损失；二是导致成本增加，变相提高农产品价格，导致销量较低，从而影响农户的生产积极性。农产品从田间地头到消费者的餐桌，一般要经过农产品生产者、产地经销商、农村市场中介组织、销地经销商、销地批发市场、销地农贸市场、连锁超市、消费者等流通环节。在这个过程中，每个环节都有相应的流通主体，它们之间大多为现货交易，并没有形成稳定的购销关系。而一条完整的农产品供应链应是这样一种系统：从最初的供应商采购到最终的消费者接收，将这一链条上涉及流通的环节综合起来，实现信息共享、资源整合和效益最大化。

第三，农产品销售方式落后，效率低下。数智时代的到来给农产品品牌建设和宣传推广创造了极大的便利，买卖双方无须面对面交流，可以在互联网平台上进行沟通，使农产品销售渠道不断拓宽。但由于受传统观念、农村基础网络设施不健全、农民计算机操作水平较低等因素的影响，现代农产品销售方式在实际操作中仍较少实施。因此必须加大运用互联网和新媒体进行农产品宣传的力度，把本地农产品的突出特色介绍给消费者，使消费者知道农产品的原产地、生产工艺、营养成分等信息，增强农产品对消费者的吸引力，通过与消费者的交流获悉他们的偏好，有针对性地推广产品和服务。

三、农村电商的发展特点

（一）农村电商政策支持不断强化

随着我国农村电商的快速发展，农村电商政策也在不断完善。党中央、国务院对农村电商高度重视，中央一号文件对农村电商作出全面部署，商务部、农业农村部、国务院扶贫开发领导小组办公室（以下简称“国务院扶贫办”）等部门也相继出台了一系列推进农村电商发展的政策文件。

1. 党中央、国务院高度重视

2021 年中央一号文件指出，要加快完善县乡村三级农村物流体系，改造提升农村寄递物流基础设施，深入推进电子商务进农村和农产品出村进城，推动城乡生产与消费有效对接。加快实施农产品仓储保鲜冷链物流设施建设工程，推进田头小型仓储保鲜冷链设施、产地低温直销配送中心、国家骨干冷链物流基地建设。完善农村生活性服务业支持政策，发展线上线下相结合的服务网点，推动便利化、精细化、品质化发展，满足农村居民消费升级需要，吸引城市居民下乡消费[①]。

2020 年 3 月 24 日国务院常务会议指出，支持发展农村电商，促进农产品销

① 2021 年 1 月 4 日，《中共中央 国务院关于全面推进乡村振兴加快农业农村现代化的意见》.

售[①]。在开展消费扶贫方面，国务院办公厅发布《关于深入开展消费扶贫助力打赢脱贫攻坚战的指导意见》，明确要动员社会各界力量促进贫困地区产品和服务消费，推动各级机关和国有企事业单位等带头参与消费扶贫，推动东西部地区建立消费扶贫协作机制，动员民营企业等社会力量参与消费扶贫。要大力拓宽贫困地区农产品流通和销售渠道，打通供应链条，拓展销售途径，加快流通服务网点建设。要全面提升贫困地区农产品供给水平和质量，加快农产品标准化体系建设，提升农产品规模化供给水平，打造区域性特色农产品品牌。要大力促进贫困地区休闲农业和乡村旅游提质升级，加大基础设施建设力度，提升服务能力，做好规划设计，加强宣传推介。

2. 国家相关部委积极推进

在电子商务进农村综合示范方面，财政部办公厅、商务部办公厅、国务院扶贫办综合司发布了《关于做好2020年电子商务进农村综合示范工作的通知》，在全国范围内择优支持一批基础较好、潜力较大的县，对工作扎实的贫困县和前期受新冠肺炎疫情影响较大地区适度倾斜，并加强对典型县的激励支持。2020年电商进农村新增支持235个示范县，累计支持1338个县[②]，实现了国家级贫困县的全覆盖。2020年，国务院将五常、沭阳、义乌等10个发展农村电商成效突出的县市纳入了典型激励范围。

在疫情防控方面，商务部、财政部发布《关于疫情防控期间进一步做好农商互联完善农产品供应链体系的紧急通知》，指出各地可根据本地实际情况，在2019—2020年服务业发展资金支持农商互联工作事项中合理安排一定比例资金用于支持保供工作。

在消费扶贫方面，国家发展和改革委员会（以下简称“国家发改委”）印发的《消费扶贫助力决战决胜脱贫攻坚2020年行动方案》指出，大力发展农村电子商务，研究并制定支持贫困地区加强农产品仓储保鲜冷链物流设施建设的政策措施，加快补齐农产品冷链物流“短板”，启动“快递进村”工程。

在农村物流配送方面，商务部、交通运输部、国家邮政局等五部门发布通知，继续推进城乡高效配送专项行动，重点在推进物流配送车辆标准化、促进农产品上行和城乡双向流通等方面加强探索创新。国家邮政局启动“快递进村”工程，

① 2020年3月24日，李克强主持召开国务院常务会议上的内容.
② 数据来源：2021年1月20日，经济日报—中国经济网快讯.

决定在6个省（区）和15个市（州）组织开展“快递进村”试点工作，并制定《“快递进村”三年行动方案（2020—2022年）》，明确到2022年年底，符合条件的建制村基本实现“村村通快递”。

在促进农产品上行方面，农业农村部下发了《关于开展“互联网+”农产品出村进城工程试点工作的通知》，计划优先选择包括贫困地区、特色农产品优势区在内的100个县开展试点，实现农产品出村进城便捷、顺畅、高效。商务部发布的《关于加快数字商务建设服务构建新发展格局的通知》指出，要引导电商企业加强物流配送、农产品分拣加工等农村电商基础设施建设；提升农产品可电商化水平，推动电商平台与地方政府、农产品企业深入合作，持续资助可电商化的农产品“三品一标”认证，打造农产品电商优质品牌。

（二）电商扶贫成效进一步凸显

近年来，贫困地区农村电商快速增长。商务大数据监测显示，2020年国家级贫困县农产品网络零售额为406.6亿元，同比增长43.5%，增速较2019年提高14.6个百分点，更多农民将线下农产品转向线上销售。截至2020年底，国家级贫困县网商总数达306.5万家，较2019年增加36.6万家，增长13.7%[①]。2020年，我国电子商务进农村综合示范实现832个国家级贫困县全覆盖，对102个县给予第二轮提升性支持，村级电商站点覆盖率达到70%[②]。

全国性电商扶贫行业平台持续发挥作用。商务部指导中国电商扶贫联盟，以市场化与公益性相结合的模式，持续开展“三品一标”认证帮扶、农产品品牌推介洽谈、帮扶对接等工作，截至2020年底共帮助了1229家贫困地区农产品企业开展“三品一标”认证培训，资助296家通过认证；通过举办农产品品牌推介洽谈活动、引导成员企业开展多种形式产销对接和集中帮扶等，累计帮助对接和销售超过150亿元[③]。商务部举办10场“全国农产品产销对接扶贫行”活动，完成采购金额42.2亿元，电商扶贫频道对接646个贫困县。电商扶贫累计带动771万农民就地创业就业，带动619万贫困人口增收[④]。

脱贫地区农副产品网络销售平台（简称“832平台”）结合脱贫攻坚工作推

---

① 数据来源：2021年1月28日，商务部召开例行新闻发布会.
② 数据来源：2021年1月29日，商务部召开2020年商务工作及运行情况新闻发布会.
③ 数据来源：2021年5月17日，中国电商扶贫联盟第一届第五次工作会议.
④ 数据来源：2021年1月29日，商务部召开2020年商务工作及运行情况新闻发布会.

进，组织了“52决战收官”“三州三区”“革命老区”等专区活动，开展了食堂与福利专场、“‘保供给，防滞销’湖北专区”“川渝扶贫月”“恩施春茶消费扶贫专区”等重点专题专区活动，贴合采购人需求，推进采销对接。据“832平台”统计，截至2020年12月底，平台累计入驻活跃供应商8739家，覆盖22个省、832个贫困县，累计上架商品9万多款。注册采购人账户超40万个，累计成交总额破80亿元[①]。

在带动贫困地区农民增产增收方面，2020年阿里巴巴平台上832个国家级贫困县网络销售额达到1102亿元[②]，另外，至2020年底，75个国家级贫困县共诞生了119个淘宝村、106个淘宝镇[③]；拼多多农业相关商品交易总额超过人民币2700亿元[④]；苏宁易购全渠道累计实现农产品销售140亿元[⑤]。

在建设农村电商基础设施方面，阿里巴巴在云南、广西、四川、山东、陕西建成5大数字化产地仓，覆盖18个省份，在25个省份落地900多个菜鸟县域共配中心[⑥]；京东升级“京心助农”战略，计划建设10万农产品直播基地[⑦]；拼多多启动“消费扶贫百县直播行动”，发挥平台农产品上行优势，选取100个贫困县开展消费扶贫活动[⑧]；苏宁深入乡村市场以及国家级贫困县，开设了苏宁扶贫实训店、苏宁易购零售云等8000余家，共覆盖了388个国家级贫困县[⑨]；中国邮政在邮乐平台开通扶贫地方馆875个，实现了全国832个国家级贫困县的全覆盖[⑩]。

（三）电商在抗疫助农中发挥重要作用

在新冠肺炎疫情影响下，部分地区因购销渠道不畅导致农产品滞销，因此农村电商在解决农产品“卖难”方面发挥了重要作用。一方面，电商平台开设农产品绿色通道、专区。淘宝推出农产品特卖系列专区，上线“吃货助农频道”；京东开通“全国生鲜产品绿色通道”；拼多多上线“抗疫开拼、爱心助农”专区；“832

① 数据来源：2021年12月17日，中华合作时报．中国供销集团“十四五”发展规划正式发布．
② 数据来源：2018-2020阿里巴巴脱贫基金工作报告
③ 数据来源：2021年2月25日，新华网．互联网创新助农模式，阿里巴巴获评“全国脱贫攻坚先进集体”．
④ 数据来源：2021年3月3日，京报网（北京日报）．拼多多2020年农产品订单成交额超2700亿元．
⑤ 数据来源：2021年3月1日，读创（深圳商报）．深圳苏宁发布2021年战略：坚持“聚焦”和“创效”两大发展主基调．
⑥ 数据来源：2021年1月29日，中国新闻网．阿里投入乡村“最先一公里”去年带动贫困县网销上千亿元．
⑦ 数据来源：2020年6月12日，经济日报．京东全面升级“京心助农” 推出一揽子助农举措．
⑧ 数据来源：2020年5月22日，农民日报．国务院扶贫办联合拼多多启动“消费扶贫百县直播行动”．
⑨ 数据来源：2021年3月1日，读创（深圳商报）．深圳苏宁发布2021年战略：坚持“聚焦”和“创效”两大发展主基调．
⑩ 数据来源：2020年12月24日，中国邮政报．“国家队”一马当先．

平台”在新冠肺炎疫情发生后，紧急上线了保供给、防滞销专区，帮助农户减少损失，实现了战疫和助农的同步推进。另一方面，电商平台探索直播助农模式。淘宝帮助涉农商家免费开通淘宝直播；京东发起京东原产地助农直播；拼多多探索“市县长当主播，农户多卖货”的电商消费扶贫模式；苏宁易购上线直播“云开市”，深入原产地直播，挖掘各地农特产品，推动农特产品上行。

（四）新模式、新业态不断涌现

1. 直播带货打通农产品销路

借助直播模式和电商平台的流量扶持，农产品打通了上行销路，电商平台刮起了“县长直播潮”。快手平台开展了一系列乡村扶持计划。2019 年 6 月 22 日至 2020 年 6 月 22 日，在快手获得收入的用户数达 2570 万，来自贫困地区的用户数达 664 万；快手启动“福苗计划”，将优质特产推广到全国各地，截至 2020 年 7 月，“福苗计划”已开展 6 场专场活动，帮助全国 40 多个地区销售山货，直接带动 18 万左右人口增收[①]。2019 年 11 月到 2020 年 11 月，字节跳动全平台帮助农民销售商品 19.99 亿元，过去三年，14 587 个活跃商家通过抖音等平台获得收入，字节跳动全平台帮助 465 个商家，年销售额突破百万[②]。

2. 社区团购成为竞争热点

新冠肺炎疫情发生以来，社区生鲜电商发展加速，阿里巴巴、腾讯、京东、美团、拼多多、滴滴等大型电商平台相继进入这一领域。2020 年 6 月，滴滴推出“橙心优选”。7 月，美团推出美团优选，成立优选事业部。9 月，阿里巴巴成立盒马优选事业部。2021 年 1 月 1 日，京东上线“京喜拼拼”小程序，正式进军社区团购。腾讯通过投资谊品生鲜、食享会等生鲜电商入局社区团购。此外，专门从事社区团购的平台，如源创优品、考拉精选等，以及来自传统行业的企业，如快递行业的顺丰和申通，房地产企业中的碧桂园和万科，生鲜超市物美、永辉、美宜佳等都积极加入该领域。

3. 电商助力农业数字化转型

阿里、京东等电商企业用科技赋能农业，助力传统农业进行数字化转型。淘宝特价版打通阿里数字农业体系，直连 1 万个农产品直采基地。“盒马村”智慧

---

① 数据来源：2020 年 10 月 17 日，中国新闻网 .2020 快手扶贫报告：664 万贫困地区用户在快手获得收入 .
② 数据来源：2020 年 12 月 28 日，中国农网 . 字节跳动扶贫发布白皮书，一年为国贫县销售商品 19.99 亿元 .

农业基地相继落户上海、广东，并配备无人机、水肥一体化设施等高科技设备，帮助农民实现手机种田，产出的高品质产品直供盒马。京东成立数智农业生态部，着力打造农产品流通大中台，基于商品集采、数字化改造、仓配网络、渠道拓展四大能力，通过丰富的手段来提升农产品的生产、流通以及营销的数智化水平，如培养“新农人”、建设农业现代化产业园，以及对农业批发市场进行数智化改造等。

（五）下沉市场消费潜力被激活

阿里、京东、拼多多等电商企业争相布局下沉市场。2020 年 3 月，淘宝特价版 App 正式上线，在强调“低价”的同时，更突出“工厂直购”。淘宝天猫公布“春雷计划”助农新目标，将再造 100 个 10 亿级品牌农业产业带，提升农业产业带的品牌化和数字化水平，从而加速农产品销售线上化。2020 年 12 月，京东成立主攻下沉市场的京喜事业群，该事业群主要包含京喜通事业部、京喜事业部、京喜拼拼、京喜快递等业务部门。京东全面升级“京心助农”计划，将通过整合供应链、物流、人才、流量、直播等全平台、全渠道资源，加深与政府、农人的合作，推动生鲜农产品上行可持续发展。拼多多于 2020 年 12 月推出“原产地直发”农货上行模式，通过加大资金投入、直播扶持、人才培育、供应链优化等综合举措，不断完善原产地直发的农产品上行模式，助力区域公用品牌建设。美团优选推出“农鲜直采”计划，通过加大源头直采力度、带动农产品冷链物流基础设施发展、培养农村电商带头人等方式，为优质农产品上行提速。

电商平台通过低价拼团、小程序直播等方式改变了下沉消费者的消费理念，降低了尝试门槛。农村居民透过电商接触到外界，更加注重个性化、品牌化、多元化的消费体验。农村市场的消费潜力不断释放，消费品质不断提升。拥有充足闲暇时间和强大购买力的小镇青年成为下沉市场消费潜力较高的人群。小镇青年改变了过去一代保守的消费理念，显示出与都市青年更为接近的消费升级意愿。2020 年以来，受到新冠肺炎疫情的影响，外卖、家政等农村生活服务业正在逐步向线上化转型。礼物的快递数量逐年增加，“网购”和“快递”已经成为在外务工青年和农村父母互相关心的方式之一。2020 年春节期间，在原地过年的提倡下，大量城市的礼物通过快递寄到农村的父母身边，而大量的农产品，特别是特色美食也通过快递寄到城市的儿女身边，形成网上晒年货热潮。

（六）农村新型经营主体上网成为亮点

农村电商生态体系使传统农产品的流通有了更大的空间，促使越来越多的农民、家庭农场以及农业合作社通过网络销售产品。在这种环境下，农民的身份性质发生了一定的变化，从单纯的生产者逐渐转变为生产经营者，不再将农产品一次性销售给经销商，而是通过冷库存放起来，然后在网上进行小批量、多频次销售。

四、农村电商的潜在需求

随着网络信息技术的飞速发展，电子商务逐渐成为国内与国际商品交易的主要方式之一。此外，电子商务也将是未来商品交易的主要途径。

从根本上来讲，电子商务有着传统商品交易无法比拟的优势。它可以将农业生产中的各个环节有机结合在一起，这在无形中解决了农产品生产和市场销售对接的问题。另外，电子商务也可以将规模较小的农户组织在一起，从而使他们形成一定的规模，进而提升在农产品市场竞争中的竞争力，亦可以有效解决小农户与大市场的矛盾，同时也可以在一定程度上降低农产品流通成本。此外，电子商务的快速发展也可以在无形中为第三方电子商务网站提供一个良好的发展契机。

农村电子商务市场在日常生活用品方面也有较大的发展空间，众所周知，由于农村经济发展较为落后，可供农民购买日常生活用品的场所较少，所以日常生活用品的购买不方便，而电子商务的出现可以极大程度地丰富农民的购物渠道，提升购物的便利性。此外，与城市居民相比，农民对价格比较敏感，而电子商务亦可以解决此方面的问题，由此可以看出农村电子商务在农村日常生活方面也有巨大的发展空间。

近年来，随着农村电子商务的快速发展，农民在网上的购物频率明显增加，但是与城市网络购物水平相比依然存在较大的差距。随着电子商务的发展，农村网民对电子商务的认识程度也有所提升，然而受各方面因素的影响，农村电子商务的发展依然落后，这些影响因素主要有经济水平、网络设施、教育水平等。移动电子商务在农村发展过程中务必要充分调动其成本低、不受时间空间限制的优势，不断缩小城市与农村之间的差距，进而满足农民的市场需求。

农村电子商务的开展对促进乡村振兴发展起到了极大的积极作用。当前我国电子商务业务范围主要集中在大中型城市，它们并未将目光放在经济发展水平较差、市场需求不足的农村。但是从当前我国农村发展的实际情况来看，农村的信息需求量大，而且需求类型呈多样化发展，如商业贸易型、农业主导型、旅游文化型、工业主导型等。此外，目前我国已经将发展重点放在了农村，这在一定程度上为电子商务的发展创造了良好的环境，未来农村将成为电子商务发展的主阵地之一。

五、农村电商的发展趋势

（一）线上、线下融合且多渠道拓展

目前，卖家特别是为数众多的小卖家很难获得足够的买家访问流量。农产品电商卖家开始通过线上和线下相结合的方式化解农产品流量难题。卖家力争实现渠道多样化，进驻天猫、淘宝、京东、拼多多等电商平台；尝试与网易优选、中粮我买网、顺丰优选、本来生活、天天果园等垂直电商合作；一些农业企业、合作社、农户等借助电商平台开设网店销售农产品；依托阿里巴巴国际店等跨境电商平台向国际市场进行销售；与机场、机关食堂、高校合作，在人流量较多的地方开设实体店，提升顾客的体验度，并通过网店开展后续服务，使顾客主动多次复购。通过微信朋友圈、微博、抖音、快手、社区购物群等进行营销，实行快递配送或小区集中配送；在美菜网、一亩田、惠农网、1688 等 B2B 平台批发。

（二）农村电商生态要素加速整合

农村电子商务的发展在很大程度上依赖于电商生态系统的规模、系统要素的多元化及各要素之间的交互。电子商务生态系统是指由网商、服务商、供应商、消费者等共同构成的系统。在农村电商的影响下，逐步形成了一些新的就业机会，如网店客服、仓储加工、包装物流等，为老人、妇女等农村非技能型常住人口提供了多样性的就业岗位，使他们获得更多收入。随着电商产业的发展，各类专业服务商进入农村，并提供第三方运营、人才培训、货源供给、仓储物流、摄影摄像、

图片处理、平面设计、网店装修、融资理财、品牌推广、法律咨询、售后服务等一系列电商配套服务。

（三）农村电商推动数字乡村发展

农村电子商务是数字乡村建设重要的组成部分，是数字化应用最活跃、最广泛的部分。农村电商的高速发展促进了数字乡村的发展。互联网、大数据、区块链、云计算、人工智能等现代信息技术在农业领域得到广泛应用，并成为农村数字经济发展的新动能。随着电子商务进农村、“互联网+”农产品出村进城等工程的推进，农村地区网络基础设施建设显著加强，农村电子商务统计体系逐渐完善，县、乡、村三级物流体系基本搭建，大数据与农业生产进一步融合，农村电商将成为数字乡村最大的推动力和发展基础。

（四）农村电商创新创业氛围形成

农村电子商务吸引了一大批农民工、大学生、退伍军人返乡创业。2019年，各类返乡人员中的创新创业人员累计超过850万人，其中创办农村产业融合项目的占到80%，利用“互联网+”创新创业的超过50%，在乡创业人员超过3100万。农民在从事网络销售的过程中，客观上也推动了农村电子商务生态体系的快速发展，大量生产性、生活性服务业因此兴起，特别是快递物流、电子商务培训、包装印刷等配套产业蓬勃发展，形成了农村经济新的增长点。

（五）农村电商进入品牌化时代

随着居民可支配收入的增长，我国进入消费升级阶段。消费者对商品品质和服务的要求逐渐提高，更加青睐有品牌的农产品，电商平台之间的市场竞争越来越激烈，农产品电商进入品质消费时代，品牌成为促进农村电商可持续发展的关键。然而品牌建设是我国农村电商的薄弱环节，我国大部分农产品品牌知名度较低。因此一些电商企业开展区域品牌建设工程，建立产地产品全流程标准，以区块链溯源等技术保障品质供应。各地政府积极探索借助互联网打造农产品品牌，培育形成一批农产品电商区域公共品牌，提升农产品知名度、品牌影响力及产品附加值，以品牌化推动标准化、规模化，带动农村地区产业升级。

第二节 乡村振兴背景下农村电子商务的优化策略

一、打造特色产业带

2021年，曹县火出了圈，“曹县”话题的短视频播放量在平台上短短数日达到十几亿次以上。一时间，“宁睡曹县一张床，不要上海一套房”成为全面“热梗”。虽然有点儿调侃的成分，但也确实让大众看到了一个不一样的曹县。热搜背后是曹县背后产业带所支撑的经济实力。阿里研究院数据显示，曹县拥有淘宝村151个，淘宝镇17个，在淘宝村百强县中位列第二。曹县的发展是典型的县域产业带发展模式，即依托产业基础优势，形成新的乡村经济发展业态。

在中国，不止一个“曹县”，还有“中国纽扣之都”浙江省温州市桥头镇、“东方小提琴之乡”江苏省泰兴市黄桥镇、“假发之都”河南省许昌市等。它们都是依据自身资源优势并将其发挥到极致，形成一个个特色产业带和产业集群的典范。

（一）打造产业集群与产业带

我国大部分农村地区以第一产业为主，制造业和服务业发展不充分，农产品供过于求现象突出，农民收入低。如何充分利用乡村丰富的要素资源，激发第二、三产业活力，挖掘乡村经济价值，提高农民收入，一直是我国乡村长期探索的问题。百强县的发展给予了我们很多启发。我国百强县以占全部县域不到3%的土地、11%的人口，创造了全国县域约1/4的GDP。根据2020年百强县分布数据，东部地区占68席，中部地区占21席，西部地区占8席，东北地区占3席[①]，其发展的原生动力主要来自特色产业集群与产业带的崛起。

产业集群是产业在发展过程中，在特定领域内的企业或机构因共性和互补性等特征而紧密联系，形成在地理上集中的相互联系、相互支撑的一种产业群现象。产业集群的形成必将极大地带动区域经济发展。以县域为地理单元的经济集群及由其形成的更大范围的产业带将会让乡村逐步融入大区域中，成为产业共生体中的重要力量，这也是进一步提高农民收入的有效途径。

目前，乡村除依赖传统的第一产业外，也逐步萌生出以第二、三产业为主导

---

① 数据来源：2020年7月28日，中国经济网.2020全国百强县出炉：约2%的土地创造全国1/10的GDP.

的产业生态，参与全国经济大循环，甚至迈入全球的产业链体系中，让乡村和城市同频共振，实现乡村的跨越式发展。从产业类型看，特色产业带主要包括基于产地优势农产品及深加工的产业带、基于特色产品制造的特色经济产业带，以及随着数字经济新业态发展起来的商贸服务产业带。这些产业带都在不同时期带动着乡村的产业振兴。

（二）打造优势农产品及深加工产业带

产地优势农产品产业带是一种社会经济现象，是在区位条件、自然资源禀赋、技术进步等因素的共同作用下，所形成的具有一定规模的呈块状或带状分布的产业集聚区域。产地优势农产品产业带的形成有利于农业技术体系的建立和产业链的发展，而技术体系、产业链的完善又反过来影响产业带优势的实现和提升。

深加工产业带则是对粮棉油薯、肉禽蛋奶、果蔬茶菌、水产品、林产品、特色农产品等进行工业生产活动而形成的产业集聚区域。其发展与产地优势农产品产业带具有极强的相关性。农产品深加工就是产地优势农产品产业链条延伸的新业态，是建设现代农业的重要内容以及促进农民增收和就业的重要渠道。在具有资源优势和产业特色的基础上延伸产业链条和培育新业态，可以全面推动特色农产品深加工产业集群建设，延长农产品产业链条，提高农产品附加值，推动产业向集群化、规模化和平台化方向发展。

依据资源因素、区域因素、技术因素、环境因素等因素分析，按照区位，《全国农业和农村经济发展第十二个五年规划》将我国产地优势农产品及深加工产业带主要划分为以下七个：

（1）东北平原主产区及其产业带：从气候学角度来讲，东北地处温带，拥有肥沃的土壤和大面积的耕地，且水土资源匹配、生态环境良好，特别适合大规模机械化作业。东北形成了四大产业带：以籽粒与青贮兼用型玉米为主的专用玉米产业带；以优质粳稻为主的水稻产业带；以高油大豆为主的大豆产业带；以肉牛、奶牛、生猪为主的畜产品产业带。

（2）黄淮海平原主产区及其产业带：此产业带属于暖温带气候，同样具有平原地势平坦的显著特点。与此同时，该地区具有较好的温度、雨水、光照等气候条件。这种自然环境逐渐促生了多个产业带，如以优质强筋、中强筋和中筋小麦为主的优质专用小麦产业带，此外还有棉花产业带、玉米产业带、大豆产业带等。该地区是我国传统农区，也是精细农业和科学种田水平较高的地区。

（3）长江流域主产区及其产业带：长江流域属于亚热带季风气候，温暖湿润、水资源丰富、年积温较高等。此外，长江流域还拥有众多的河流湖泊，所以此地区十分适合农作物的生长。该地区同样拥有众多产业带，如以双季稻为主的优质水稻产业带，还有“双低”优质油菜产业带以及以生猪、家禽为主的畜产品产业带，除此之外，还有以淡水鱼类、河蟹为主的水产品产业带，是我国重要的农产品生产基地。

（4）汾渭平原主产区及其产业带：该地区的气候类型属于温带半湿润气候，有着充足的光热。此外，汾渭平原的土壤也十分肥沃，从而形成了以优质强筋、中筋小麦为主的优质专用小麦产业带，同时该地区还盛产玉米，并形成了以籽粒与青贮兼用型玉米为主的专用玉米产业带。

（5）河套灌区主产区及其产业带：河套地区光照充足，昼夜温差大，气候干燥，雨量稀少，但地形平坦，主要引流黄河水进行灌溉，依赖独特的农业生产气候条件形成了以优质强筋、中筋小麦为主的优质专用小麦产业带。

（6）华南主产区及其产业带：该地区地处热带—南亚热带区域，终年高温多雨，地形以丘陵为主。该地区盛产的农作物主要有水稻和甘蔗，从而形成了以优质高档籼稻为主的优质水稻产业带和甘蔗产业带。此外该地区水产资源丰富，盛产罗非鱼、对虾、鳗鲡等，并以此形成了水产品产业带。

（7）甘肃新疆主产区及其产业带：该地区位于我国西北干旱地区，全年的降水量十分少，该地区产业以绿洲灌溉农业和畜牧业为主。在自然条件方面，该地区拥有较长的光照时间，热量十分充足，由此形成了优质棉花产业带和以优质强筋、中筋小麦为主的优质专用小麦产业带。

如上的农产品产业带以农产品生产的第一产业为主，围绕种植业、畜牧业、渔业、农产品加工业、农垦经济五大方向，优化产业布局，发展产地优势农产品及深加工产品。依赖产地优势形成的农产品及深加工产业带应当充分发挥本地资源优势，通过大力推进规模化、标准化、品牌化和市场化建设，逐步形成市场潜力大、区域特色明显、附加值高的主导产品和产业，并产生较大的经济效益。

（三）打造以制造为主的特色经济产业带

产业集群实际上是把产业发展与区域经济通过分工的专业化与交易的便利性有效地结合起来，从而形成一种有效的生产组织方式，从而推动区域经济增长。20 世纪 80 年代以来，中国乡镇企业异军突起，逐渐形成集聚态势，主要集中在东部沿海地区，形成五大典型模式：苏南模式、温州模式、珠江模式、晋江模式和义乌模式。苏南模式以乡镇政府为主要组织资源方式形成集体经济，产品主要为大工业配套服务；温州模式以家庭工业和专业化市场的方式发展非农产业，逐步建立起以日用小商品为主的产业和门类齐全的社会服务业；珠江模式是由地方政府主导的外向型快速工业化的经济发展模式，以第二产业为主，注重发展新兴产业和第一、二、三产业间的协调发展；晋江模式以市场调节、外向型经济、股份合作制为主，同时兼顾多种经济成分共同发展；义乌模式以兴办专业市场来带动县域经济发展，充分体现了市场模式的优势。21 世纪初，中国加入世贸组织，这些县域经济由此逐步迈入全球生产体系，成为“世界工厂”的中坚力量，也构成我国制造业的底色。目前，这些区域的制造集群成为乡村产业的重要支撑，促进了产业的多元化发展，并延伸了产业链条，创造了就业机会，直接拉动了经济增长，实现共同富裕。

随着数字经济的快速发展，很多拥有基础产业优势的县域及乡村率先拥抱电商、直播等新经济，除利用新兴渠道增加传统特色产品的销售渠道外，也逐步推动传统产业的数智化转型。与此同时，围绕数字经济发展的物流、设计、运营、拍摄、产业金融等配套产业快速发展，由此催生了部分数字原生产业在县域开花、结果和落地。直播带货、社区团购、农旅直播等新的经济发展模式在县域快速发展，手机成为“新农具”，直播成为“新农活”，而数据则摇身一变成为“新农资”。

直播电商在发展过程中离不开当地的产业基础，它从根本上决定了直播电商的产品类型。例如我国东南部沿海地区的工业、制造业比较发达，所以该地区直播电商的产品主要有服装、鞋等。而我国中西部地区受其独特的气候环境影响，直播电商产品以当地特色的农副产品为主，如中宁枸杞、阿克苏苹果等。目前我国境内存在许多农产品直播或农产品加工的直播账号，这在一定程度上带动了我国农产林的销售及当地经济的增长，帮助农民走上增收致富之路。商务部数据显示，截至 2020 年年底，采用线上直播等方式的原国家级贫困县网商总数达 306.5

万家，较 2019 年增加 36.6 万家，同比增长 13.7%[①]。

当前，基于线上直播模式的产品销售很多已经形成了专业化的集聚模式。“住户白天开货车，晚上开豪车”，这虽然是当地人的一句玩笑话，但也从侧面反映了义乌北下朱村的现状。短短几年，这个普通的村子经历了一场前所未有的蜕变，成为当地远近闻名的“网红直播电商村”。北下朱村中从事直播电商行业的人数众多，占全村总人数的 94%[②]，剩下的大多从事超市、鲜花店等配套行业。目前，北下朱村的直播电商正处在从野蛮生长到规范化、规模化发展的探索之路上，形成了依托直播电商、运营、孵化、物流等方式的新产业链条，使其成为货真价实的“网红直播第一村”，极大地带动了当地区域经济的发展。

产业电商平台（如 1688 平台、找钢网等）也为中小企业提供了线上信任平台，为广大中小企业链接到更多的客户和需求，催生出极具特色的线上产业带。商务部流通产业促进中心发布的《中国产业带数字化转型——生产、流通与消费的高效协同》研究报告显示，2019 年阿里巴巴 1688 平台覆盖了 172 个一级产业带，约占全国一级产业带数量的 70%[③]。1688 式新批发也由此成为推动产业价值链延伸的重要力量，使国内产业价值链布局更加完善，突破“低端锁定”，实现“由大做强”。

二、积极发展农村新媒体

近年来，随着技术的不断升级，新媒体在我国呈现出迅猛的发展态势，越来越多的人喜欢在手机、电脑、平板电脑等电子设备上浏览新闻。抖音、快手、微博、微信等平台也以其传播速度快、信息容量大、地域覆盖广等特点，让人与人之间的沟通变得更顺畅。

新媒体在我国被人们普遍地接受，已经在城市和农村中普及。在这种情况下，农村新媒体作为一个新的传播渠道，可以让农村的产品和文化流向更多地区。

（一）做好新媒体定位

农村新媒体是展示农村风貌的一种新方式，现在越来越多的农民开始通过互

① 数据来源：2021 年 1 月 28 日，商务部召开例行新闻发布会．
② 数据来源：2019 年 8 月 2 日，金华晚报．电商梦、直播梦 义乌两个“第一村”造梦不断．
③ 数据来源：2020 年 5 月 21 日，商务部．《中国产业带数字化转型——生产、流通与消费的高效协同》．

联网平台为人们还原农村的真实模样。农村新媒体让城乡之间的联系变得更密切，很多新鲜事物出现在人们的生活中，也推动了城乡一体化进程。农村新媒体要发挥作用，一定要做好观众定位和垂直定位，牢牢抓住“农”这个关键。

1. 观众定位

新媒体平台为无数农村带来了商机，因此领域内的竞争也越来越激烈。农村新媒体若想在日趋激烈的竞争中占得一席之地，数量大与忠诚度高的观众是关键。新媒体平台面向的主体是观众，农村新媒体要深挖观众需求，并尽力在输出内容时满足观众的需求。

（1）分析自身背景

自身背景主要包括所定位的农村地区的产业状况、农村的地域及资源优势、该农村地区的发展目标等。通过分析这些内容，农村新媒体可以清楚地了解到自身优势，判断自身能吸引到的观众类型。

（2）分析观众

农村新媒体可以从目标观众、已有观众类型两个方面入手分析观众。

首先是目标观众。农村新媒体所发布的内容决定了观众的类型，所有对农村新媒体发布内容感兴趣的观众都是目标观众。

其次是已有观众类型。农村新媒体要分析已有观众群体的类型，准确分析观众类型对农村新媒体维护观众和扩展观众规模能起到重要作用。例如，同样是发布旅游内容的农村新媒体，其观众类型的不同决定了其发展路径的不同。

如果农村新媒体的观众多为18~22岁的女性，这些女性向往该农村地区的花田，则该农村新媒体平台中发布的内容应以花田美景、鲜花美容为主；如果农村新媒体的观众多为中老年群体，消费能力相对较高，则该农村新媒体发布的内容应多为度假村体验、高档旅游产品推荐等。

农村新媒体通过对自身背景和观众群体的分析，能够得出观众定位的方向。获得精准定位后，便可以通过此定位有针对性地吸引观众、维护已有观众群体。这些观众群体能够节约农村新媒体的维护成本，购买力也会强于零散的观众群体，为农村带来更多收益。

2. 垂直定位

新媒体渠道能够高效、快速地带动农村经济发展。但我国农村数量众多，无数人争先恐后地利用这一渠道，甚至出现市场饱和的情况。打开任一平台搜索农村相关内容，都会发现其中掺杂着大量质量平平、毫无特色的作品，而能赢得流量与收益的始终是那些有着精品内容的知名账号。这些知名账号发布的内容存在一个共性，就是拥有清晰的定位。比如李子柒，她的定位就是展示农村生活，在她发布的内容里不可能存在咖啡品鉴、动漫赏析这类的视频。若出现以上内容，则会破坏她自身的定位，导致粉丝流失。

因此，在以新媒体带动农村发展之前要做好定位。因为一旦有了准确的定位，就如同在茫茫大海上航行的帆船有了灯塔的指引，而且清晰的目标也是新媒体带动农村发展的动力。

第一步是以内容为核心，充分挖掘地方特色，找到农村自身的特征，再将这些独具特征的内容通过新媒体平台传输，最终精准地传达给受众。比如某农村定位的是古镇生活，那么吸引来的就是好奇古镇人民如何生活的受众群体，发布的内容就应尽量展示古镇人民的日常生活。农村新媒体定位的精准性、垂直度越高，粉丝群众的精准度就越好，农村新媒体获得精准流量的速度就越快。

第二步是在做好农村新媒体定位的基础上牢牢抓住商机。在找到农村的特色资源后，应对其价值进行深挖。比如，某地的特产 A 爆红网络后，大量粉丝都对特产 A 有了兴趣，那么，特产 A 就拥有了商机。农村要抓住商机，将其变为发展的机遇，如规模种植特产 A，开发与特产 A 有关的商品，打造特产 A 种植旅游区等。当特产 A 形成一种完整产业后，就能变成乡村振兴的动力，可以助力农村走上致富道路。

第三步是博得用户好感。如果用户对农村新媒体所发布的内容毫无兴趣，此定位就是失败的。博得用户好感的方法是建立用户画像并投入使用。农村新媒体应分析并收集粉丝的综合信息，明确粉丝真正想要的是什么以及为何被吸引，进而有针对性地发布或改进相关内容。

特色是风格，也是竞争力。农村新媒体想要以新媒体途径带动自身发展，就一定要拥有高亮度的特色和精准的定位。但挖掘地方的特色必须从全面的角度出发，既要探索商机，分析市场需求，又要确保其可行性，这样才能让农村特色助推其走上发展的道路。

（二）把握新媒体内容

在走农村新媒体之路时，除了定位以外，内容输出也非常重要。相关部门可以充分利用新媒体组织乡风展示活动，为人们还原真实的农村生活，也可以开展专门针对农民的教育活动，对农民进行科学知识普及。这些活动对提升农村文明具有很大帮助。相关部门要充分利用新媒体，但也不能忽视传统媒体，新旧媒体都应加大投入力度，打造媒体矩阵。

1. 展示乡风

农村的内容输出是农村的价值所在，规划所输出内容是以新媒体带动农村发展的前提。农村在新媒体平台输出的内容一定是要有价值的，并且要让观众感受到农村的魅力。农村的内容输出对于发展十分重要，是决定农村发展速度的重要因素。

所以，在规划新媒体平台输出的内容之前，首先要明确输出的核心内容是什么，具体可以从以下几个方面入手：

（1）通过产品定位内容

农村新媒体需要根据自己所推销的产品类型确定其在新媒体平台上输出的核心内容。例如，对于宣传旅游业的农村而言，其新媒体平台输出的核心内容必须围绕乡风、景区展开。农村新媒体的输出内容可以是景区人民的生活、景区美食、景区旅游产品测评、旅游体验分享等。比如，通过直播方式展示农村发展的情况，将具体的农业生产过程呈现给观众，让观众感受农业生产活动的趣味与特色，满足其对农村生活的好奇心。

农村新媒体输出内容的核心必须是恰当的。观众是农村新媒体所销售产品的受众，农村新媒体的输出内容要能够很好地切合观众的需求，吸引更多的观众关注农村。

（2）确保内容积极正面

农村新媒体输出的内容必须是积极正面的，这样的内容更受观众的欢迎且能持续吸引观众。例如，某村主要推销纯天然食品，其输出的内容却以转基因食品的危害、农药的危害为主。这些消极的内容无法长期吸引观众以及调动观众的积极性。

（3）避免输出无关内容

若想以农村新媒体带动发展，新媒体平台就要保证持续输出内容，不断地吸引观众关注农村。保证持续内容输出并不容易，但也不能为了保持持续输出就在新媒体平台上发布与定位产品无关的内容。

观众关注农村新媒体是因为对其平台上所销售的产品有需求，对与产品有关的知识感兴趣。对于观众而言，与产品、农村相关的内容才是有价值的。如果农村新媒体输出的内容与产品无关，就会使观众对该平台的价值产生怀疑，甚至出现脱粉的情况。

通过直播、短视频等新媒体渠道，观众能够知晓农业生产过程的艰辛，从而产生购买农产品的欲望。同时，网络平台使农产品的销售渠道得以拓宽，农村直播也让观众感受到各村落的魅力，旅游产业因而能够得到发展。此外，由于内容是连续输出且真实有效的，观众对农产品和农村的信任度也会提升，其消费时的安全感能够得到保障，消费力度也会上涨。

这就是新媒体平台带给农村的好处。因此，农村新媒体要以产品为中心，规划好在新媒体平台上输出的内容，并把握好内容输出的方向，保证所输出的内容有价值，能够展现农村风貌，还原农村生活。只有这样，农村新媒体才能够通过其平台推动乡村振兴的进程。

2. 传播知识

现在是一个信息传播越来越“碎片化”的时代，书刊、广播、电视等传统媒体的信息传播效果不像短视频、直播等新媒体那么突出。新媒体可以给人们带来极强的视觉感和沉浸感，而且还可以让农业科学知识简单、易懂。例如，农民只需要打开短视频观看几分钟，就能掌握一些农业科学知识，这样的“充电”方式不仅非常方便，还会让学习变得更生动、有趣。

随着网络覆盖农村和手机用户的不断增加，城乡之间的联系更密切，新时代的农村建设从愿景走向现实。而且，在新媒体进一步发展的情况下，农业科学知识的传播有了更多渠道，使得农民在短时间内获取专业的农业科学知识、提升自己的能力成为可能。

在通过新媒体传播农业科学知识方面，山东省蒙阴县做得非常好。该地区以推动农产品高质量发展为宗旨，积极优化和整合各种农业资源，使农业科学知识在农村得到广泛传播。例如，该地区组织科技工作者、农业知识科普志愿者开展“智惠桃花源科技下乡”活动，将果树科学修枝、预防病虫害、土质养护、精准采摘等方面的农业科学知识传授给广大农民。

农村要发展新媒体，就要充分发挥新媒体的作用，使其成为政府和农民的有力助手。农村借助新媒体进行农业科学知识传播，可以提高农民的科学文化素养，让农民以更好的姿态、更自信的精神进行农业生产，从而实现科学普及与乡村振兴共同发展。

三、优化电子商务发展环境

（一）健全政策法规体系

一是积极宣传贯彻《电子商务法》。各地加大普法宣传力度，引导地方电商企业合法经营、规范发展。江苏省以贯彻落实《电子商务法》等法律法规为统领，积极配合省市场监管局开展“网剑行动”，突出强化督促电子商务平台经营者落实法定责任；指导、推动成立“江苏省电子商务法律服务联盟”，鼓励行业组织发挥行业管理职能，加强法制宣传，实施行业治理。山东省重点聚焦落实《电子商务法》《合同法》等法律法规，持续加强格式条款规范监管工作，营造公平公正、诚实守信、放心消费的网络营商环境。青海省组织开展“凝聚你我力量——电商依法经营知识万人在线答题”活动，以《消费者权益保护法》和《电子商务法》以及疫情防控知识等与广大消费者密切相关的法律法规为重点，编排设计了内容翔实的题库，通过随机投放在线有奖答题的形式，激发了广大消费者的参与热情，树立品质消费理念，构建良好有序的网络消费环境。贵州省按照《电子商务法》等法律法规要求，督促指导电子商务平台经营者认真落实对入驻商家资质信息和销售商品商标、专利、版权等注册或授权信息的审查核验义务，建立平台内经营者登记备案及资质资格审核机制，定期对平台内经营者主体信息及销售商品进行比例抽查，加强对电子商务经营者和自营性平台经营者依法公示证照相关信息的监测监管力度，依法严厉打击未经信息公示开展经营活动、侵犯知识产权等违法违规行为。

二是完善本地政策体系。各地加强政策支持引导，完善电子商务行业促进体系。北京市出台的《2020年“互联网+流通”创新示范项目征集指南》重点对智慧流通、“互联网+生活性服务业”、绿色流通等示范项目给予了支持，引导商贸流通企业创新服务模式，不断扩大便民服务有效供给，拉动全市网络消费快速增长。四川省统筹谋划数字商务工作，印发《关于开展打造“数字化社区”专项行动的通知》，开启生活服务业在线一站式示范；出台《品质川货直播电商网络流量新高地行动计划（2020—2022年）》，前瞻性布局产业电商，成为全国首个省级直播行业发展计划。黑龙江省为创新发展直播电商、社交电商等新经济、新业态、新模式，推进电子商务赋能产业，创造多样化的自主就业、分时就业新模式，出台《黑龙江省直播电商发展三年行动计划（2020—2022年）》，明确了发展目标、工作任务和支持政策，同时编制《黑龙江省电子商务“十四五”发展规划》，为全省电商工作作出系统性的指引。吉林省制定并实施全省直播电商发展三年（2020—2022年）行动计划，进一步明确思路目标和重点任务。江西省出台《关于加快推广电商消费无接触配送服务的通知》，大力推广“线上下单，线下无接触配送、预约配送、定点投递或应用智能配送柜（快递箱）”模式，引导快递助力线上消费；出台《关于应对疫情促进商贸行业适宜性发展的13条政策措施》《关于加快发展流通促进商业消费的实施意见》等，鼓励发展电商促进新兴消费。

（二）强化电商市场监管

一是加强电商诚信体系建设。甘肃省依托“信用甘肃”等平台，推动电商领域信用信息共享，同时组织电商企业在电子商务公共服务平台建立、完善和公开诚信档案，有效防范信用风险。江苏省积极推动电商信用工作开展，建设江苏电子商务信用公共服务平台，指导有关单位积极开展电商领域地方标准的制定和推广，先后有四项省级标准获得立项，有效填补了本省电商地方标准空白。江西省下发《2020年江西省开展“诚信兴商宣传月”活动的通知》，以“诚实经营、守信服务”为主题开展“诚信经营宣传月”活动；共制作发放诚信宣传单、宣传画册20余万张，各级主流媒体播发相关报道3000余篇，有效扩大了活动的宣传影响，营造了良好的社会舆论氛围。四川省建立健全信用监管机制，完善社会信用信息共享平台，构建知识产权纠纷一站式化解机制，为构建良性营商环境保驾护航；利用省电商大数据中心和电商平台全程记录和累积交易信息，建立信用信息采集、共享与使用机制，促进资金更多投向有需求、有前景的中小微企业，缓解部分领域的资金集中和过度杠杆化，优化了信贷结构和资源配置；中信、平安、华夏等银行利用商户交易大数据，建立“大数据＋信用”信贷模式，贷款金额超过30亿元。

二是加强产品溯源体系建设。福建省建立商品全球质量溯源体系，为进出口商品贴上“身份证”，消费者可以通过系统或商品外包装上的溯源码查询，快速厘清商品的“来龙去脉”；企业在入境之前要将商品的生产商、原产国、第三方检测机构出具的商品溯源质量检验证书等信息录入“福州海关全球质量溯源体系”，海关在商品抵达口岸前启动准入风险预判，压缩企业通关时间，商品抵达口岸后，再通过该系统实施精准监管，可以实现快速验放。云南省以优质、安全、绿色为导向，加强全省农产品原产地保护，推进地理标志保护农产品、特色农产品地方标准制定，开辟“三品一标”农产品认证或登记绿色通道，引导各类农业新型经营主体开展认证；对云南主要特色产品实现从田间种植、生产加工到流通销售的全产业链大数据追溯，并与商务部的国家追溯平台实现数据对接。

三是健全电商监管支撑体系。河北省试运行网络交易平台监管服务系统，编制河北省网络交易平台监管服务系统分类说明、基础信息维护操作手册和数据核查操作手册，开展业务骨干培训，入库全省网络交易平台64家，交易类网站3025个，非交易类网站121 908个，其他网店47 980家，基本涵盖全省的网络主体；加强对平台的行政指导，发挥行业组织自律作用，督促平台落实主体责任，推动成立石家庄市电子商务平台共治联盟，印发《关于加强“6·18”网络集中促销期间行政指导工作的通知》；加强政企合作，与阿里、京东、美团、拼多多等第三方平台达成合作意向，努力实现网络监管社会共治。贵州省开展网络市场监管专项行动，集中整治网络市场突出问题，依法打击网络违法行为，督促指导电子商务平台经营者认真落实对入驻商家资质信息和销售商品商标、专利、版权等注册或授权信息的审查核验义务；建立平台内经营者登记备案及资质资格审核机制，定期对平台内经营者主体信息及销售商品进行比例抽查；加强对电子商务经营者和自营性平台经营者依法公示证照相关信息的监测监管力度，依法严厉打击未经信息公示开展经营活动、侵犯知识产权等违法违规行为。

（三）加强统计监测服务

各地应明确电商统计对于贸易高质量发展的重要推动作用，深化省级电子商务运行监测系统数据应用，不断完善电商统计监测和数据共享体系，采购第三方电商监测数据进行有效补充，进行多方数据采集对比，为各级商务主管部门决策制定提供有效数据支撑。

一是深化电子商务大数据服务平台应用。贵州省推广电子商务大数据服务平台应用，已实现按月定期统计、监测、分析全省电子商务发展情况，并提供电子商务整体交易规模、行业结构、发展趋势、应用水平等大数据服务功能，平台监控全省 30 万家电商店铺，向主管部门出具数据分析报告，并采集、清洗、加工、分析数据，为全省 88 个县（市区）网络零售额“增比进位”考核建立了依据。安徽省结合电商发展趋势，深化省级电子商务运行监测系统数据应用，增强电商直播数据分析，进一步完善系统功能；与安徽省统计局、邮政管理局等部门建立数据交流共享机制，定期组织专家深入分析研究地域、行业、品类、平台等方面的发展情况，形成月度电子商务统计监测报告，并通过安徽省电子商务公共服务平台公众号发布月度电商快讯和网络零售简报，推进电商数据共享。

二是完善电商统计监测和数据共享体系。江西省实现了网络零售数据和运行情况分析报告按月发布，并对电子商务考核评价体系进行完善；对未纳入数据监测范围的自建平台、企业（个人）网络店铺开展网络零售补充监测和数据修正，进一步拓宽网络零售数据监测范围，全面准确掌握全省网络零售发展情况。北京市积极推进电子商务大数据共建共享，加强新业态发展情况动态监测分析，“电子商务信息管理分析平台”已发展样本企业 61 家，样本企业数量、规模和结构均达到商务部相关要求，为制定促进电商创新发展的相关政策措施提供参考依据。四川省建立完善电商多维度统计监测体系，日采集数据 2 亿条，日扫描平台 2000 余家，日清洗、处理数据 32TB，统计数据包括 14 个类别，其中月度指标 23 个、季度指标 64 个、半年指标 73 个、年度指标 76 个。电子商务发展指数已纳入全省数字经济考核指标体系。江苏省加强电商统计监测等基础性工作，梳理出近 6000 家网络零售额超 500 万的企业名录，协调省市场监管局对本省注册备案的 164 家网络交易平台进行了梳理；与省统计局联合印发《关于进一步加强网络销售统计工作的意见》，进一步加强政策宣传、统一思想认识、明确目标要求，协力抓好电商平台、企业列统工作；全省各地纷纷加强与第三方机构的合作，开展电商大数据监测和分析应用，为政府决策和行业监管提供数据支撑。

（四）提升物流服务能力

一是加快农村电商物流发展。四川省以电商进农村综合示范县、电商产业示范县、脱贫奔康示范县建设为契机，加强电子商务物流基础设施建设，形成县、乡、村三级的末端电商和快递物流服务网络；全省共有顺丰、中通、韵达、京东等快递企业 1093 家，快递末端网点 1 万余个，乡镇民营快递网点覆盖率 79.29%，建制村快递服务通达率 47.41%，京东、苏宁、顺丰等 30 余家快递物流领军企业在川设立区域总部。甘肃省依托国家电子商务进农村综合示范项目，发挥补贴资金示范引领作用，通过市场化整合快递物流资源，大力加强县、乡、村三级电商配送体系，发展适合农产品特点的供应链体系和冷链物流体系，同时下拨专项资金，支持“两州一县”及 18 个省定深度贫困县着力解决农村物流“最后一公里”瓶颈，有效降低农村物流成本，县到村平均快递配送效率提升 1 倍以上，成本降低 40% 以上。广西壮族自治区以农村电商为突破口，结合美丽乡村和特色乡镇建设，拓展各地特色产品网络销售渠道，因地制宜推进“快递进村”，建制村快递服务覆盖率达 33. 37%；引导快递业与广西特色食品加工业融合发展，促进业务流程协同，为“快递进厂”赋能，目前已有南宁蛋黄酥、柳州螺蛳粉、梧州龟苓膏等多个“进厂”项目。广东省印发《“快递进村”三年行动方案（2020—2022 年）》，探索通过邮快合作、快快合作、驻村设点、快商合作、交快合作和其他方式推进快递进村。

二是聚焦城区末端配送。北京市按照《北京市关于开展末端配送创新试点进一步加强快递末端用车、外卖用车管理工作方案》相关要求，指导本市相关企业积极开展末端共同配送创新试点建设，在朝阳、海淀、丰台、石景山和通州 5 个区认定首批 8 个末端共同配送创新试点，通过开发使用通用收发系统、设立综合服务中心、智能自提柜等末端共同配送服务设施、由试点企业实施统一收派等方式探索末端配送新模式，提升末端配送效率。上海市加快智能快件箱等智能末端配送设施布局建设，压实企业责任主体，协调邮政、卫生健康、教育、民政、规划和自然资源等部门及区商务部门，推进智能快件箱在医院、学校、社区等场景的布设，共完成建设6000组；加大政策支持力度，将智能快件箱纳入公共服务设施相关规划，配合市房产管理局制定智能快件箱建设实施意见和建设导则；引导叮咚买菜、每日优鲜等生鲜电商企业合理设置前置仓空间布局和建设规模，推进冷链物流体系建设，目前已建设144个生鲜前置仓和1个城市分选中心。重庆市全国首创开展网络消费“渝快送”行动，印发《关于发挥电子商务作用助力疫情防控的倡议书》，推出“世界在你手中”整版公益广告，鼓励零售、餐饮、药品等企业依托互联网开展线上接单、线下送餐或送货到家服务，支持快递、外卖等全面推行“无接触配送”服务，保障快递物流服务不间断。

（五）完善人才培养机制

一是开展电子商务专题培训。内蒙古自治区开展网红经济培训工作，支持区内电商示范园区组建专业化运营团队，引导企业开展应用型人才培养工作，学习信息化和电商运营两方面内容，打造复合型人才团队。2020年，江苏省围绕农村电商、电商新业态新模式以及《电商法》等内容开展人才培训工作，助力脱贫攻坚和乡村振兴。为适应新冠肺炎疫情新形势而建设“江苏省电子商务线上培训平台”，举办了15期直播培训，近5000人次参加了培训。贵州省强化跨境电商复合型实务人才培育，分步有序推进跨境电商万名人才培养工程，联合阿里巴巴跨境电商贵州服务中心打造跨境电商人才基地，培育跨境电商专业从业人员1300余名。

二是开展电子商务职业技能大赛。开展电子商务职业技能大赛不仅可以为电子商务的发展创造良好的环境氛围，同时也能够为我国电子商务的发展培养出一批批优秀的人才。目前我国各地都开展了不同规模和形式的电子商务职业技能大赛，例如湖南省2020年电子商务师（跨境电子商务师）职业技能大赛，该比赛主要由省总工会、省人社厅等部门联合主办，其目的在于培养、选拔更多优秀的电子商务人才。此外，我国其他省份也开展了电子商务技能大赛，如“山东省首届电商达人选拔赛”。另外，山东省还积极实施数字经济“万人百企”培育等活动，同时也十分重视省级产业孵化园的建设工作，目前为止相继成立了100多个创业团队，累积培训人数达到2万人，这些都为电子商务的发展创造了良好的条件。

三是加强“政、校、协、企”合作。河南省形成了高等教育、职业教育和实践操作培训相结合的电子商务人才培育体系；利用院校资源，协助包含郑州大学在内的30多所高校成立电子商务本科专业，同时也在河南省内专科院校设立了电子商务专业。除此之外，还在借助完善的教育培训基地的基础上开展电子商务知识、技能培训，并将电子商务纳入继续教育的范畴。

河北省商务厅联合中国国际电商中心、河北电商协会、河北广电集团等，组织省内培训机构，免费开展电商从业人员专业培训；推动电子商务学科专业建设，支持河北科技大学、河北经贸大学等高校与企业、社会组织合作办学，培养实务型电商人才。

第三节　乡村振兴背景下农村电子商务的网络营销

一、农村电商网络营销的障碍

（一）交易主体网络营销观念落后

计算机于20世纪80年代逐渐被运用到日常生产生活之中，由于其高速运算特点，所以它在极大程度上提升了人们的工作效率，然而在当时，计算机网络内容还是以新闻、消息为主，并未形成专业的信息交流平台。随着电子商务的快速发展，它所蕴含的营销理念与营销模式和农民传统的营销观念产生冲突，由于大部分农民对电子商务并未形成一个全面的认识，甚至怀疑其真实性，因此部分农民对电子商务具有一定的抵触情绪，这在无形中限制了互联网营销模式的发展。

（二）网络营销主体缺位

想要实现农村电子商务的发展，急需解决两个问题：一是电子商务的硬件设施问题，二是电子商务的理论指导。近年来，随着我国对网络普及重视程度的提升，农村的网络设施日益完善。从整体上看，我国大部分农村地区基本上普及了网络。当然，那些较为偏远的地区受到地形、成本等因素的影响，其网络硬件设施建设依然不够完善。

此外，电子商务作为一门新兴的学科，拥有自己独特的科学性以及发展规律。高校学生想要完全掌握其中的精髓都十分困难，更何况是农户，所以仅仅通过简单的政府宣传、下乡教育等活动很难让农户完全掌握电子商务的精髓，这就需要强化以村为单元的学习组的带头作用。除此之外，电商企业也要不断完善人机平台，在结合实际情况的前提下，简化操作、交易流程，并提升平台交易安全，从而让农民放心使用。

（三）交易主体信用程度不高

从某种意义上来讲，农村电子商务的发展对农业体系产生了较大的影响，既为其带来了机遇，同时又使其面临一定的挑战。目前我国电子商务的模式主要有C2C、B2B、B2C等。在这些模式下，交易双方只能通过交易平台进行交流沟通，此时，电子商务平台的监管显得尤为重要。当前我国各类电子商务平台均开设了资质认证及保障金制度，以此来最大限度地保障交易双方的权益。除此之外，电子商务平台也以第三方的身份介入买卖双方的交易。

虽然我国电子商务平台在交易安全上做出了努力，但是目前互联网交易依然存在许多不完善的地方，例如交易双方的信息安全、产品质量保障、违禁品的交易管理、货物运输中的安全问题等。想要解决这些信用问题，需要电子商务平台不断完善自身的机制，同时政府继续深入推进大数据的发展，尽快建立全民信用体制。另外还要不断完善法律制度，加强政府监管部门的作用。

（四）缺乏市场风险分担机制

农业市场风险的来源有多个方面，如市场经济的冲击、不可抗力因素等。目前，农户在风险应对方面依然处于劣势地位，只能被动地接受。通常情况下，应对风险的方法主要有三种：第一，风险自留；第二，风险转移；第三，风险消除。目前，我国农业保险体系依然处于初步发展阶段，不够完善，大部分常见的农业风险并未被列入农业保险范围，这在无形中限制了风险转移应对方法的使用。

目前，电子商务在农业风险应对中所起到的作用十分有限，仅仅能够维护价格稳定，而且这并不能减轻不可抗力因素所带来的损失，只有加强政府、工信、工商等部门的协同合作，才有可能调动更多的社会力量来抵御风险。

二、农村电商网络营销的策略

（一）拓宽农产品推广渠道

1. 利用新媒体推广

（1）微信营销

充分利用微信平台：微信有巨大的用户群体，商家可通过微信公众平台，比如微信公众号、微信个人号、微信群、微信广告资源平台等，结合转介率微信会员管理系统展示商家微官网、微活动、微推送、微支付等，让用户快速了解产品，从而达到线上、线下微信互动营销方式。

正确运营微信公众号：微信上大多是同事、朋友、亲人、客户等，运营者在运营时要把自己当成客户，抛去“销售”的想法，偶尔向用户推送几条广告，同时要尽可能地调动活跃度，和用户创造沟通的话题。

注重微信社群的管理：微信中有各种群，每个群适合发的内容不一样，所以在使用微信群时，不同的社群要用不同的管理模式，这样才能创造更高的价值。

（2）微博营销

充分增强互动：微博的互动性很强，很多热点都是从微博传开的，所以要适时地通过微博和用户展开一些互动，比如发布一些产品知识、开展话题讨论，增强与用户的有效互动。

注意微博的内容：微博和微信一样，不宜一味地销售，发布广告时可结合特点、相关性等突出内容，这样就很容易被用户接受。切忌纯广告性的宣传内容，因为大多数人都排斥这类内容，过度发布会导致粉丝减少。微博人人都可用，但产品并不是所有人都能营销，所以在用微博营销产品之前，要先摸清产品自身的特点，并确定这类产品的潜在客户中有很多人拥有微博。

2. 农产品网络直播

2017 年，电子商务新业态——网络直播开始呈现，但网络直播内容主要是娱乐直播和游戏直播。到 2020 年，网络直播开始爆发，当直播与农特产品相结合后，便形成了一股农村农特产品的“网红风”，农特产品的网络直播开始显示威力，网络直播带货给农特产品带来了新的销售方式、思路和重要的销售渠道。网络直播实时性强，网络直播中所见即所得，顾客看到的都是第一手信息，实时性超越了距离限制，甚至超越了渠道障碍。直播把产品和服务直接推到了消费者面前，这种实时的冲击力远超过静态展示或者事后浏览。网络直播带有温度，直播当中是有服务的，它不是一个冷冰冰的产品展示或者一个简单的图文说明。直播主播在当中发挥着十分重要的作用，要把握消费者的心理，对产品进行精准介绍。换句话说，直播主播是一个合格的导购，而线下销售或者传统的电商一般没有这样的沟通引导服务。网络直播互动性更好，在直播中大家可以随时交流，随时提问。商家会收集客户反映的问题，然后在其中发现消费者的兴趣，总结出大家感兴趣的内容，其后就能即时调整商品介绍的内容。这些使得直播销售比传统的线下门店销售和电商更有诱惑力，也更加生动活泼。网络直播可多角度展现产品魅力，一个好的农产品本身不仅有内容，还包含着情感和温度，所以在农产品的直播中要丰富内涵。比如在直播过程中可以展示农产品的生长环境，把产品经营过程中工作人员付出的努力和农民对它的匠心表现出来。农产品的销售一定不能就产品说产品，应该多角度地去展示产品魅力。“短视频＋直播”的效果会更好，短视频和直播相当于一个人的左手和右手，双方起到互补的作用。从具体上来讲，直播可以给观众带来实时冲击力，而短视频则可以将宣传内容进行浓缩，这是一个点、线、面的关系。

当前，直播新玩法层出不穷，仓播、厂播、田间地头直播等吸引了大量消费者的注意。仓播就是将直播间设在存放农产品的云仓现场，消费者在直播画面中可以直接看到陈列的农产品。面对面下单，快速出仓，这样的直播发货速度刷新了消费者的认知。仓播将供应链体系优势和直播流量优势创新结合，双向赋能，启动流量经济发展新引擎。田间地头直播就是直接将直播电商放到农田里，通过直播现场展示农作物的生长情况，在虚拟和现实中同步融入文化内涵、品质内涵和消费者对于特定品类农产品的独特体验式情感，更能激发消费者的热情，从而为农产品打开销路。

直播也成为助力农民增收、推动乡村产业振兴的重要手段。农业农村部充分推动互联网平台发挥积极作用，组织阿里巴巴、苏宁易购、一亩田等电商企业开展爱心助农活动，推出了流量支持、优惠贷款、运费补贴等各项促销措施，助力“卖难”农产品快速销售。2021 年 7 月 15 日，阿里巴巴开展助农公益直播，10 万个主播、商家纷纷拿出 1 小时来参与公益助农直播活动，砀山梨膏、山西大同的黄花菜酱、山西平顺的大红袍花椒等 52 个县域的农产品直接“卖爆”。

实践案例：乐播农业“365 直播果园”

浙江乐播农业是一家集农业生产和销售于一体的综合型农业开发企业。它通过“直播技术 +App 开发”，在农业生产和销售全流程中实现了“手机点一点，全程看得见”，实现了绿色生产监督，增强了消费者的信任，实现了传统农业的增效增收。

乐播农业的 365 直播农业平台通过 App 直播，可实现三个“全”：通过云播技术，实现全过程可见品质；通过 H5 技术，实现全渠道对接平台；通过产品溯源，实现全覆盖 7 天追踪。同时，定制“工艺 + 产品”标准，前移农产品检验环节，为施肥种类、施肥量、防虫方式等制定定量规定，对合作果园硬件设施进行相应的改造，并对产品的色泽、大小、成熟度、农药残留都做出定量规定，实现全程追踪可视、可追溯，建立消费者对绿色农产品的信心，并获得产品溢价，实现了“实体 +App 直播”的新型销售模式。

3. 农产品社群营销

社群营销就是通过某一社群平台聚集一批有相同喜好的人群，通过一种在线社交方式提供某种服务或者产品实现销售的一种新的商业形态。社群营销也为新的社会活动、营销活动创造了新的价值。目前除了包括微信朋友圈及微信群搭建的社交功能外，还有其他很多具备社交属性的社群新工具，如钉钉、小红书、抖音、快手、大众点评、知乎、豆瓣、领英、哔哩哔哩等。特别是 2020 年疫情发生以来，社群及社群营销的活跃度非常高，很多大企业也加入到了社群营销的形态中，也在积极尝试社群营销。而社群营销也被认为是农产品销售的最佳方式之一。“农产品 + 社群”能够让生产者与消费者联系起来，使消费者拥有参与感，为农产品赋能。以“情感、信任、产品、利益”为核心的社群营销在打通农产品流通环节、提升农产品附加值方面能够发挥独特的作用。目前的社群营销大多都是弱品牌化的，价格敏感度高于价值敏感度，拼的都是价格。而现在品牌消费的意识和呼声越来越高。消费者对农产品的品牌消费意识存在历史性的缺失，长期将其钉在“民生用品民生价”上，农产品多被赋予“大流通”性产品的定义，其真正开始从“大流通”和“民生”解放出来也得益于互联网的推动。

（1）社群产品定位。做社群的目的无非就是获取流量，而社群营销便是获取流量最基本的途径，因此我们首先要有一个对自己产品的定位。这个产品可以是真实存在的，也可以是虚构的，甚至可以是一种服务，但总而言之，做社群就应该首先有一个清晰的产品 / 服务定位，这是社群营销的关键，也是社群营销的第一要素。

（2）社群用户定位。产品确定了，这个时候我们就要开始寻求自己的用户了。假如你是一个知识型社群，你的营销对象便是一些需要接受教育的群体。因此，你要有明确的认识，找到合适的受众去营销你的产品，千万不要把任何人都当作你的潜在用户。如果是产品型社群，就要找到具备和你的产品品牌相匹配的用户。所以明确自己的用户是社群营销的第二要素。

（3）平台选择。现在能够做社群的平台有很多，当然社群的类型也有很多，但是我们一定要找适合自己产品和内容的平台去做。

4. 农产品社区团购

社区团购为社区电商 O2O 提供了渠道模式上的创新，它相当于 S2B2C 社区分销。一般情况下，此种模式有三个主要参与方：第一，团购平台。他们主要负责为用户提供产品的链接、物流仓储信息以及售后服务。第二，团长。团长在社区团购中主要负责产品链接的投放、订单的收集以及最终的货品分发。第三，社区居民。社区居民主要负责购买产品。

从产业链上看，各大电商平台提供的内容是产品与服务：产品多为生鲜、果蔬、日用品等日常生活中常用到的、需求量比较大的产品；服务多为本地生活、家政服务、社区服务等日常生活中常需的服务内容。产业链中游为社区团购服务。社区团购企业可以分为原生社区团购企业、快消 B2B 企业、零售企业及供应链服务企业。通过在社区招聘团长，由团长负责组织活动和发掘用户来带动各个社区用户拼团的积极性。下游用户主要是各个社区的居民。通过团长与社区居民之间的亲密及信任关系和低廉的产品价格维护用户，能够降低获客成本，从而在社区中由点及面地推广社区团购模式。

从某种意义上来讲，社区团购的诞生主要源于两方面原因，一是人们对高性价比产品的追求，二是社交需求。就目前我国生活消费水平来看，呈现出“分级消费”的现象，一、二线城市居民的消费渠道呈多样化发展，此外，由于受生活、工作压力的影响，他们在购买产品时往往比较重视购买效率，也愿意支付便捷性溢价，这也是一、二线城市便利店盛行的原因之一。与一、二线城市对应的三、四线城市居民有充足的时间来购买物品，他们在时效的追求方面要明显低于前者，而更加注重产品的价格。与传统电商及团购模式相比，社区团购的综合成本相对较低，而且其产品也可以满足三、四线城市居民对性价比的追求。

社区团购的模式进化基于生鲜农产品供应链的再造，能够为消费者提供极具价格优势的产品。将原先“产地—批发商—二批发商—菜贩子 / 小超市—用户”的供应链体系优化为“平台供应商—团长—终端用户”的供应链体系。该体系相比传统渠道，节省了至少两个甚至更多的中间环节，从而大幅减少了产品在供应链中的沉淀时间，优化了之前的高损耗痛点，最终将成本优势让利给消费者，为价格敏感客群带来了极佳的体验。

在减少中间环节、降低损耗的同时，社区团购在实现精准产品分级方面也具有独特优势。生鲜农产品作为非标品，其分级销售尤为重要。而在当前的传统供应链体系中，该职能主要由批发商环节实现。以水果为例，从农户到批发商的过程称为统货（不分级收购），批发商再根据水果大小进行分级，分销给不同渠道。社区团购模式可以将中规格以下的果品，精准对接给价格敏感客群，并实现比传统营销网络更便宜的价格。

（二）重视农产品内容营销

内容营销不仅是一个系统，也是企业、自媒体为了实现商业目的而展开的一种营销行为。通常情况下，内容营销需要经历一定的过程，首先需要了解受众特点及需求；其次了解内容分发的渠道以及内容的表现形式；再次要确定产品品牌调性；最后对内容传播的效果进行评价，并将评价结果作为后续调整内容传播策略的依据。内容营销并不是普通的内容创作，二者之间有明显的区别，如创作出发点、创作方法、创作内容的取向等。一般情况下，内容营销的内容创作可能会体现创作者的个人风格，但是大部分情况下，内容营销的内容主要结合消费者的喜好进行创作，例如在展现产品品牌时结合消费者的喜好创作，可以拉近消费者与产品品牌的距离，使二者产生共鸣。除此之外，内容营销作为一个系统的市场行为，不仅仅关注内容的质量本身，同时也十分关注内容传播的运营和管理。通过内容传播的运营和管理，企业不仅能在短期内提升内容的曝光量和受关注度，而且能长期获得内容营销的协同效应。

内容营销是营销策略的一种主要方式，其包含的主要要素为以下两点：

（1）内容营销没有特定的平台和渠道，主要关注的是内容本身，媒介渠道和平台是内容营销的载体。

（2）内容营销的目的是实现内容的转化，通过内容营销展示实现与消费者的互动，让消费者信任和认可企业和产品品牌，最终实现产品的转化。

内容营销大致归为三类。第一类侧重基于自媒体和电商平台的内容营销，其主要特点和终极目标是直接通过内容来卖货。从理论上讲，这种内容营销一般被称为内容电商。第二类侧重基于社交媒体的自媒体创业，这一派的代表是新榜。这种内容营销通过微信、微博等社交媒体的公众账号持续输出内容，形成魅力人格体后吸引一批粉丝，最终通过广告或者其他形式的变现达成销售。第三类侧重传统的大、中、小企业，在新的媒介和消费环境下，对传统的，基于广告思维的营销思路、逻辑、流程和做法进行调整，从而通过持续输出符合消费者喜好的品牌价值观和文化让消费者全程参与到品牌的建设和传播中，使消费者最大限度地认可和喜欢这个产品品牌，以达到促进销售的目的。

由于第三类中的企业占中国整个企业生态有生力量的绝大部分，因此，更倾向于把这类内容营销称为真正意义上的内容营销。对于这类企业，内容营销就是在战略层面上进行设计，通过对理念、架构、组织、预算、渠道和全程的动态评估，挖掘并形成企业和产品本身的内容营销思维和能力，完成品牌知名度、认知度和美誉度的维系或重塑，并且最终助力销售。

1. 农产品营销的主要内容

第一，农村、农民的故事。要挖掘跟产品相关的农村生活和农村文化。产品的最终消费者是用户，因此，最能打动消费者的除了农特产品本身外，就是生产农特产品的生产者。农产品的内容营销首先要从生产者的角度开展营销。生产者背后的故事让消费者认可、信任甚至感动就会使消费者对相关企业和农产品产生认可和信任。

第二，产品的生长状况和产地环境的状况。优美的产地环境可以激起消费者丰富的联想，从而使他们对产品产生好感。例如原生态的自然环境可以勾起消费者内心的各种情结。众所周知，当前社会生活工作的节奏都很快，人们内心深处往往存在着一颗回归自然的心。

第三，用户的故事，用户真实的反馈。中国有句古话叫“王婆卖瓜，自卖自夸”，王婆卖瓜式的营销在产品极大匮乏的时代是有效的，但今天我们面对的是一个物质极其丰富的年代，对于消费者来讲，同类产品的选择余地很大，消费者在购买产品时虽然存在一定的偶然性，但更多是基于产品的口碑，其中最有效的就是朋友之间、同事之间和家人之间的口碑营销。因此，一定要把用户的口碑作为内容营销的关键。

2. 农产品内容营销平台选择

文案自媒体形式，在运营微信公众号的同时，也可以借助百家号、头条号、企鹅号等平台共同促进产品的营销。短视频的竞争非常激烈。对于短视频创作者来说，抖音和快手仍然是较好的选择，就目前来看，很难有第三家平台能够挑战这两家的地位。

（1）今日头条

平台流量大、易申请、粉丝少也可获得高流量。头条号和微信公众号最大的不同是：头条号是根据“推荐”决定阅读数，而不是“粉丝”，也就是说你获得的“推荐”越多，文章的阅读量就越高。从头条号产生流量的机制来看，它主要与账号的头条号指数有关，即原创度、专业度、活跃度、互动度以及健康度。这五个维度的指数越高，那么账号的指数便越高，便更容易获得流量。一般情况下，提升头条号指数可以从以下几个方面入手：

第一，原创度。在进行创作时，务必要坚持原创，同时不断提升作品质量。一般情况下，只有质量好的作品才能降低跳出率，而抓住用户的需求才能保障每一个用户看完视频，也只有这样才能够在原创度上拿满分。

第二，健康度。所谓的健康度主要指的是作品的图片、内容等方面不涉及违规内容，同时避免标题党。从具体上来讲，头条号在考察健康度时主要侧重以下几个方面：首先，图片尺寸大小及图片的美观度；其次，作品内容是否涉及黄赌毒；最后，文章的标题和内容是否吻合，头条号在此方面的审查比较严格，尤其对标题党的打击力度较大。

第三，活跃度。创作者要定期更新作品，只有长期坚持不懈，头条号的活跃度才会提升。

第四，专业度。所谓的专业度主要指的是发表的文章与专业领域内容一致。在注册头条号时，平台都会提醒创作者选择合适的专业领域，创作者作品的垂直度越高，其曝光率也就越高。

第五，互动度。互动主要指的是创作者与读者的互动。在头条号上发布作品之后，部分读者会在作品下方留言，此时我们需要主动回复读者的留言，这样便可以提升头条号的互动度。除此之外，也可以通过评论其他创作者作品的方式来提升头条号的互动度。当我们的评论得到较为广泛的认可时，平台可能会将其推荐至主页，这在一定程度上会增加账号、作品的曝光度。

（2）百家号

推荐百度首页、百度新闻源。我们在用百度时，不难发现在搜索框的下方有很多文章，其中部分文章来自百家号，这在一定程度上意味着你所创作的文章很有可能被推荐到百度首页，这在无形中增加了作品的浏览量。此外，百家号还有一个优点，即收录效果好，在我们发布作品之后，通过在百度上搜索关键词，便可以找到我们的作品。

具体运营方法：结合热点、内容垂直、配图美观、空闲时间发布、持续更新。

第一，文章含热门关键字，具备话题性，但不低俗。百家号会根据用户搜索的习惯推荐文章，比如最近用户经常搜索“春节抢票”，那么一篇标题含有“春节抢票”的优质文章则会在用户使用百度时呈现在用户眼前。另外一点是标题要吸引人，标题是吸引读者的一个关键，所以必须要简洁有力，不可低俗，因为每篇文章百家号都会审核，太低俗很可能直接不予通过，甚至是封号。

第二，根据文章定位选择恰当的分类。根据百家号选择的领域来写相关文章。

第三，使用清晰度高且符合主题的封面图。观众第一眼看到的是标题，第二眼便是图片了，清晰有吸引力的图片能有效吸引读者阅读文章。

第四，选择适当时间发布。建议大家选择空闲时间段发布文章，比如上班路上、晚上等，空闲时间有助于提高文字阅读量。

第五，持续更新。初级账号可以每天更新一篇文章，当你连续更新一段时间且文章阅读量较高时，百家平台会将账号等级提升到“中级”。你的账号等级越高，获得曝光以及推荐的机会也越多。

（3）企鹅号

企鹅号是腾讯旗下的一站式内容创作运营平台，其中包含了腾讯新闻、QQ浏览器、QQ公众号、手机QQ新闻插件、天天快报等，在一定程度上具有“多出口、多场景”分发渠道的特点。创作者发表的作品不仅可以在天天快报上看到，在腾讯新闻客户端等平台都可以看到。这种多出口的分发模式增加了优质作品的曝光率。

运营企鹅号首先要通过试运营阶段，具体包括以下几点：

第一，内容的垂直度。在注册账号时会选择相应的创作领域，在确定创作领域之后，创作者所发表的作品务必要与所选领域相关，这就是内容的垂直度。例如，我们选择的是娱乐领域，那么就不能今天发娱乐，而明天发美食，应始终坚持娱乐领域的创作，只有这样才能保障内容的垂直度。

第二，首发。大部分的创作者都是将一个作品发布到多个自媒体平台上，这虽然可以增加作品的曝光率，但是会导致发布在企鹅号上的作品不是首发。而企鹅号十分重视作品的首发性，即创作者所创作的作品需要将企鹅号设置为第一发布平台。

第三，原创。原创是自媒体平台对创作者的基本要求，尤其是在企鹅号试运营阶段，创作者所发表的每一篇文章必须是原创。

第四，拒绝黄赌毒。单纯满足以上几点并不能实现企鹅号的良好运营。创作者所发布的作品内容要具有优良的质量，避免在作品中出现低俗、色情内容。

第五，文章选题。创作者在作品内容选题上要做到精致，其选题方向可以结合当前热点，然后将热点与自身领域相结合。除此之外，内容的创作还要注意图文的匹配性，切勿随意匹配图片。另外，在试运营阶段，作品中最好不要呈现与广告相关的信息。

（三）构建营销的支撑体系

1. 农村电子商务营销基础设施体系建设

基站、数据库以及网站平台的建设是发展农村电子商务必不可少的方面，以下将从具体层面来讲农村电子商务基础设施建设包含两个方面：

（1）设施设备的搭建

现如今的社会是一个信息高速发展的社会，每个行业的发展都离不开大数据的支撑。在4G信息技术的影响下，智能手机、云服务等给人们的生活带来了巨大的改变，信息传递速度呈几何式增长，但是这也使基站、数据库的建设成为刚性需求。与城市基站建设相比，农村的基站建设更加复杂，受到多方面因素的影响，如耕地、河流、地形等。

当下我国正处于信息技术高速发展与转型的阶段，2019年成功研发了5G技术，该技术的信息传输速度要远远高于4G技术，与之相应的传播距离和覆盖范围程度将会变小。为此，将来我国基站建设将会以小型基站建设为主。

（2）交易平台的建设

目前，我国网上交易平台与传统经营模式并没有本质上的区别，现有的网上交易平台主要是通过网络为买卖双方搭建一个虚拟的交易市场。在这个虚拟交易市场中，买方可以根据自身需求寻找目标商品，而卖家则缺少了主动寻求交易的机会。另外，当前网上交易平台的宣传模式较为单一，大部分都是通过搜索关键词以及产品排名的方式获得曝光率，这对于农民而言，效率并不是很高。

打造一个双方互动的新型交易平台是未来网络交易发展的主要方向。当前我国为了进一步规范电力行业，着力于提升发电公司的市场竞争能力，同时也为减少资源浪费采取了一系列措施。从具体上来讲，主要方式有建设全新的交易平台，将电力数据打包成模块化信息，并对其进行公示。与此同时，对各个用电企业进行详细的登记、匹配，并介入第三方售电公司来实现双方合作。国家电网在这方面的举措在一定程度上为我国农业互联网交易平台的转型、建设提供了思路，以集团、公司、村落为单位，将地区的农户集中起来，并在平台上建立属于自己的产品信息模块，然后通过第三方专业销售团队寻找合适的需求方，从而实现农产品的销售。

2. 农村电子商务营销数据库体系建设

在电子商务发展初期，人们对网络信息的认识程度较低，往往将其与传统的电视、报刊广告混为一谈，这在一定程度上也反映了我国电子商务发展的早期阶段——萌芽阶段。

伴随着我国电子商务在小商品领域的成功经验，人们开始将关注点放在网络销售上，并积极探索更多的销售模式。但是不管是产品的展示，还是农业行情的分析，都离不开大数据的支持。与此同时，与大数据相配套的硬件基础设施和软件设施也应当纳入基础建设当中。

信息技术时代，农业经营的相关方不再局限于农民、供销社、购买方。农产品的新研发方向、特色产品的海外销售、国家宏观调控的便民政策都是影响农业经营方向的因素。及时、准确的信息与可靠、有效的数据分析是未来农业自身发展和经营模式专业化、国际化的必要条件。

（四）构建营销的应用体系

1. 农产品市场调研系统

以往，农业的市场调查通常以成本、销售价格为主，农户根据“打听”得来的信息来调整自己的种植、经营计划。这种调查缺乏科学性、指导性，容易受市场的整体盲从性影响，导致产业板块失衡，进而影响农户的收益。因此，无论是从农户的自身利益角度出发，还是从整体市场稳定上行发展的角度出发，都迫切需要可靠、准确、科学的市场调研作为指导。

农业生产与当地的自然气候、地质水文、土壤类型、生态系统、地方政策、交通运输等息息相关，仅仅针对局部地区进行市场调研难免会失去对全局的把握。要做到全面、系统的市场调研，并协同各地政府部门、行业主管部门、乡镇企业、农业基地、农户进行经济模式革新，就不可避免地需要强大的数字分析和数据库作为支撑。农业的市场调研应从以下两个方面进行：

（1）自身定位

其一，农业生产要对自身的自然气候、土壤类型以及耕种周期进行充分的调查、分析，避免出现农业生产实际情况难以达到生产目标的尴尬局面。农作物都有其独特的生长需求，对土壤的酸碱程度、水质的软硬级别以及温度、日照时间的要求都不尽相同，依据科学种植的方法才能达到保质保量的生产效果。

其二，对自身的定位还应考虑到特色产品的长处，充分发挥天然优势。例如，土壤肥沃的东北地区，适合集中发展谷类农作物；树林茂密、日照较少的山林地区，适合菌类的野生种植；土壤呈弱酸性的南方红色土壤，适合种植含糖量较高的水果。通过对自身进行合理定位，并辅助以电子商务平台，可以让各农业产地打上各自的特色标签，使其发展成为新型集中化产业基地。

（2）市场消费

在我国加入世界贸易组织后，大量的海外产品涌入国内市场，人们可以选择更多的产品。同时，中国也成了世界最大的农产品外销国家之一。

农业市场经济面临更多的冲击与挑战，国内外市场的消费需求、价格浮动、人群消费理念都发生了转变，这些对市场消费的重新定位至关重要。

基于我国农业经济现阶段的实际情况，对于市场消费的定位把握应关注两个方面：传统农产品的新型消费模式和市场资金的流向趋势。农产品的计划性生产周期长，成本收益与耕种周期成反比，而市场消费的趋势瞬息万变，盲目地追随消费者的需求从长远角度来看不利于农业经济的良性发展。因此，合理利用电子商务的辐射功能来引导市场的消费趋势，可以让农产品的经营规划顺利进行。

2. 农产品信息发布系统

在农业市场的调研工作完成之后，要对农产品销售的市场环境进行分析，做好产品经营定位，下一步的工作就是开展经营战略规划。电子商务的营销战略要充分考虑自身的目标、整个农业市场的变化和自身的生产技术、资金水平。电子商务营销战略的首要任务是完成信息系统的建设。

电子商务的信息系统有别于传统的信息发布，它不仅在产品的展示平台上更为全面、立体，还可以通过互联网作为联络纽带，对发布的信息进行反馈管理。相应地，其信息发布的组织机构和职责功能也应满足从信息发布到客户效果反馈的封闭循环模式。

近年来，物联网销售模式的出现，为实体销售和电子商务的融合提供了全新的交易方式。而物流园、产业园的兴起，为物联网的产品集中和物流运输提供了更为便利的条件。

此外，在农产品的生产创新和经营完善方面，电子商务还可以作为促进合作、交流的平台。国内外的合作交流协助我们的农产品打造出优势品牌，并借助品牌效应开发农村的附加价值，建立农业生产、风景旅游、生活体验等多元化的新农村经济形式。

（五）构建营销的保障体系

1. 组织保障

农村电子商务营销需要政府的支持与扶持，因此，政府应当积极参与其中并发挥作用。在农村建设电子商务营销体系需要耗费大量的经费和较长的时间。没有政府的支持，仅凭各个中小规模企业或是农户是不可能完成农村电子商务体系建设的。因此，在农业信息化推进工作中，相关机构以及地方信息小组应当重点支持该体系的建设。不仅要做好基础网络设施的建设，还要尽可能地在第一时间传递给农产品生产者各种有效信息。做好产学研工作调配，为了使农业龙头企业积极参与到该体系建设中，政府要给予这些企业政策以及资金上的支持。与此同时，建立和完善农村电子商务营销协会以及各种农民合作组织。

2. 人才保障

我国农村教育水平受多方面因素的影响，仍处于较落后阶段。除此之外，大多数有为青年都希望留在市区，不愿回到农村，导致农村人才严重流失。然而，现代农业与传统农业无论是在生产方面还是销售方面都有着很大差别。为此，在农村建立农业信息化培训制度是有必要的，尤其应当把农产品营销主体作为该培训的主要人群，其培训内容包括以下几个方面：

（1）基础上网知识与常识。

（2）基本网络诊断和维修。

（3）接收、发送电子邮件。

（4）农业智能化专家系统的基本操作。

（5）农业信息的收集、分类、发布等。

（6）农产品经纪人业务技能和基础理论。

农民通过网络上的信息交流，能够掌握更多上网技巧，并在第一时间获取有效信息，从而有意识并积极地将网络作为农产品销售的一种手段。

（六）构建营销的配套体系

1. 提高农产品品质和标准化程度

随着时代的进步以及经济、科技、信息技术的蓬勃发展，农业领域也出现了新的生产理念，即提高农业标准化程度和农产品质量。目前，产品的标准化程度已经成为决定网络营销成功的关键。然而，我国的物流技术并不完善，存在农业企业生产规模较小、农产品种类较多、物流技术无法得到切实提高、配送呈多元化趋势等问题，这些都是阻碍我国农产品销售的因素。

那么，我们如何解决上述问题呢？在诸多解决方案中，制定产品生产经营技术规范是最为有效的一种。将整个农业生产过程全部纳入标准生产和管理当中。按照统一、简化、选优的原则制定和实施农产品加工标准、检测技术标准、包装规格标准、品质等级标准等，从而保障农产品的质量与安全，使农产品的商品化过程获得标准的监控。

2. 实施农产品品牌战略

第一，将科学技术融入农产品中。一个产品的质量直接影响到整个品牌的信誉度。想要提高产品质量，就需要借助科技的力量。重视并加大科技投入，从而使产品结构得到优化，是提高产品质量的重要途径。

第二，知名度很重要，知名度从质量而来，但也需要借助适当的宣传工作。企业可以采用多元化促销方式对产品进行灵活销售。专题报道、网络直播、人员推广等，都是不错的选择。

第三，要增强相关法律意识。对农产品的生产和销售而言，商标注册是至关重要的。因此，企业要懂得运用法律来保护自己产品的各种权益。

3. 提高农产品物流配送能力

毋庸置疑，没有物流的支撑，网上销售是不可能顺利完成的。而且，就农产品网上销售而言，如果没有对应的物流配送或物流配送能力较低，就会导致农村电商的瘫痪。产品的储运包装、配货运送、装卸检验统统属于物流的范畴，农产品也不例外。因此，要提高物流配送能力。

其一，可以大规模建设农产品流通中心，并对其体系和相关内容予以完善。

其二，为了确保部分种类农产品不会有变质、腐烂、过季现象，要对农产品的流通渠道问题予以思考。当然，在规划该问题的过程中，不应当忽视物流合理化问题。

（七）打造农产品标准体系

农产品标准体系建设，不仅是品牌对外扩大市场的重要保障，也是满足市场需求、实现绿色可持续发展、保护消费者的必由之路。在农产品标准体系建设中，数字化、智能化技术是提升建设效率和质量，满足消费者需求的重要依托和保障。品牌农产品应以高度的标准化为基础来进行生产，以此保障品质、口感、大小、色泽等特征的统一。品牌农产品从新品种选育的区域实验和特性实验，到播种、施肥、田间管理、收获，以及加工整理、分级分类、包装上市等环节，都有一套严格的标准。

1. 品质标准化

只有保证农产品的品质，品牌才能发展，价格才能更高，从而实现农业增效、农户和企业直接受益。标准化意味着从生产源头把控品质。标准化的实施不仅在于外在成品的选品，如规范大小、色泽、长短、粗细等特征的标准，更是整个种植过程内在科学管理的体现。应严格按照种植技术规程进行生产管理，并建立完整真实的田间生产记录档案，如用什么品种、何时下种、何时施肥、施多少肥、何时采摘等，都有严格的规定。在生产过程中保证不污染生产环境、不使用违禁农药、化肥使用不超量和农药残留不超标。

例如，知名的晴王葡萄是一种经过特殊培育的葡萄品种，一枝只会生长一束，这种种植方式可以给每颗葡萄最为充沛的养分，从而培植出高品质的葡萄。晴王葡萄不仅味道甜，而且完全无籽，吃起来还有一股香味，如同玫瑰花香。每颗成熟的晴王葡萄都满足糖分为 17° 左右，重量为 15g 左右。只有经过这样严格选品的葡萄才有资格被赋予“晴王”的标章认证。每颗晴王葡萄都经过了精挑细选，品质高、颗粒大、甜度高，多汁、无籽，几乎不带酸涩味，且保质期长。

又如，17.5° 橙是农夫山泉推出的首个标准化生产的农产品。该产品精选了赣南脐橙中的优良品种，通过数智化的种植和管理，最终使每个橙子都达到个头、重量、糖酸比、果皮颜色的完美统一。农夫山泉在筛选标准上推出了四大标准体系、34 道作业流程、79 类管控内容和 148 项监控细项，组建出了一套智能脐橙筛选体系。为了达到 17.5° 的黄金糖酸比，农夫山泉甚至对每棵橙树都进行了采样，监测糖酸比，达到标准后才会采摘，再依次送入分选工厂。在工厂内，还要经过法国高精密光学分拣的流水线、红外线糖酸比测试，只有糖酸比达到 17.5°，才可进入市场。

2. 包装标准化

随着消费的不断升级，除了农产品的品质，农产品的包装也已经逐渐成为消费者识别农产品品牌和选择农产品的重要导向之一。同样质量的农产品，好的包装设计能够提高其附加值，吸引消费者购买，提高品牌的认知度和消费者的忠诚度。不同于其他产品，农产品有鲜活性、多样性、季节性、地域性、分散性等特点，需要根据农产品的特性来设计包装，设计难度比较大，如应满足防潮、保温、抗震、防磕碰等要求。比如，经济价值较高的水果，如草莓、杨梅、枇杷等，创新使用“蛋托”的包装，不仅保证了包装标准化，还有效防止了相互挤压导致的损伤。同时，要考虑运输、存储冷链等环节，保障农产品的质量统一。目前，我国农产品包装的主要问题是相关工作人员认识程度不够，设计水平和技术达不到要求，尚未有统一的强制性标准，有很多农产品因不符合国际包装标准导致无法出口。

农产品包装标准化设计除具有保障农产品品质的功能外，还应具有促销和提升品牌认知度的功能。尤其是农产品的标识，不仅要满足包装材料、包装技术、包装标志等方面的要求，还要具备统一或区分企业和品牌的标识，并挖掘农产品背后的中国传统文化和产品故事，清晰、完整地表达品牌与产品。同时，包装的设计要符合农产品目标定位群体的偏好。线上销售的农产品可以借助独特的设计提高农产品的辨识度和流传度，把每个包装都做成一个广告。

3. 分级标准化

由于农产品自身的物理特性，即使是同一品类，其味道、色泽、大小、形状、湿度等性质也存在较大差异，这就构成了农产品质量的不同级别。2012 年，农业部颁布了《农产品等级规格标准编写通则》，2014 年，国家质量监督检验检疫总局和国家标准化管理委员会发布了《农产品质量分级导则》，给出了分级的原则、分级要素选择和确定、容许度规定和检验方法规定。截至 2015 年，我国制定的包含蔬菜的国家标准和行业标准共 246 项，其中含行业标准 191 项，登记规格标准 31 项。这些标准在维护蔬菜产、销、消三方利益和提高我国蔬菜质量方面发挥了重要作用。

但是，这些标准缺乏指导及具体行业和品类的认证与检查，需要充分调动市场机制来推动和推广产品质量等级标识的使用。例如，为解决河蟹市场标准化难题，2021 年，江苏省淡水水产研究所联合电商平台，正式发布了长三角《河蟹商品分等分级销售标准》，在现有的市场通用规则基础上，进一步为大闸蟹的检测方法、质量评定方法等确定了标准，推动了我国河蟹商品的源头分级。

除了从生产端对农产品质量标准由高到低进行分级，消费端对农产品质量的偏好也需要被列入行业和企业对农产品分级的定义和考量中。例如，对于白皮鸡蛋和黄皮鸡蛋，消费者往往通过感官和偏好来购买。随着大数据技术对市场的深入分析，以及订单农业和定制农业的发展，农产品的分级，尤其是附加值较高的农产品的分级，要把消费者的不同需求列为影响因素或指标。

4. 溯源标准体系建设

农产品溯源是保障农产品质量安全的有效手段，也是提升农产品附加值、解决质量差异、保障农民受益和满足消费者需求的必要方法。区块链技术能够通过数据共享、去中心化数据存储和数据不可逆来解决农产品在实际供应链中的质量安全溯源问题。农产品区块链溯源体系的建设总体以“一物一码”为思路，实现生产方、加工方、物流方、销售方、消费方、监管方多方协同，共同完善区块链智能合约，建立覆盖种植养殖、加工包装、仓储物流、分销销售、检验检测、政府监管、公众查询各环节的食品安全溯源管理体系。

例如，东部沿海某县以“品牌 + 溯源”推动优质农产品规模化种植、标准化生产、品牌化建设。该县出台了一系列区域公用品牌推广措施、使用标准和保护办法，积极构建区域公用品牌和企业产品品牌相结合的品牌体系；引入区块链技术和服务，建立农产品质量安全溯源体系；与本省农业科学院合作，以全县整建制推进全国农产品全程质量控制技术体系试点建设。通过利用品牌影响力和溯源管控力，不断推动更高水平的农业规模化、标准化生产，提升精品农业集聚化水平。目前，该县已审核通过溯源企业 138 家，建立可溯源产品 261 个，打印溯源标签 79 130 张，优质农产品安全追溯能力和区域公用品牌的知名度得到了大幅提升。

溯源体系在一定程度上传递了产品品质保障的信号，一方面约束和激励了生产者诚信生产，另一方面为消费者提供了可追溯的诚信保障。各环节企业通过建立优质种苗溯源机制，降低市场机制下因信息不对称造成的经济效率下降风险，这不但有助于对优质农产品进行质量安全监管，而且有助于维护良好的品牌口碑。

实践案例——五常大米原产地溯源

五常大米是黑龙江省哈尔滨市五常市的特产，也是中国国家地理标志产品。2003 年，国家质量监督检验检疫总局批准对“五常大米”实施原产地域产品保护。2020 年，五常大米被纳入了中欧互认地理标志。五常大米形成的优质品牌形象，为当地的农民带来了丰厚的产品溢价。据测算，五常大米的潜在品牌价值高达 670 亿元。

五常市政府为五常大米建立的“三确一检一码”溯源防伪体系，成为连接优质产地、产品与城市消费者的桥梁，把最为正宗、新鲜的时令农产品送到消费者手中，为当地农产品提供了品牌保证。

溯源体系建设主要根据县域特色产品的品类和希望应用的场景选择需要开通的区块链溯源产品版本，并对农产品的生产、加工、运输、仓储、销售等全链路进行可信溯源，切实保障了消费者的权益。然后结合农产品、生产企业、农民的具体情况，定义溯源环节，采集溯源信息。通过扫码功能，消费者可查询农产品的溯源信息，包括源头管理、基地管理、种植管理、收购管理、加工管理、赋码管理、仓储管理、销售管理等。

（八）合理地利用事件营销

事件营销是通过挖掘有价值的新闻、事件，通过策划，形成具有公关影响力的“新闻点”，以吸引媒体、消费者和社会组织的关注，用于品牌提升，实现企业和产品的社会影响力和良好的品牌形象，提升企业和产品的社会知名度，使产品的销售和价值最大化。事件营销的精髓是挖掘“新闻点”，形成公关影响力。从新闻学角度看，事件与活动具有相对短暂性，但同时又伴随着巨大的影响力。因此，一次合格的事件营销可以以极低的成本获得更多的关注。

事件营销具有很强的时效性、偶发性。在实际操作中，我们要做到融会贯通，快速调整策略，快速落地。事件营销所借助的事件可以分为真实性事件和策划类事件。一个事件的选择是否能蔓延，取决于广泛的群众基础，有话题性的事件最容易在用户中自然传播。因此，所选的事件需要有很强的话题性。一个事件的传播广度和深度往往是由用户的关注度决定的，与话题讨论的热度相关。一则成功的事件营销需要包含众多的要素，要素越多，事件营销成功的概率越大。事件的价值要素同时也是事件营销成功的要素。一个话题性事件如果“有料”或有“爆点”，就会被快速地传播。常见的易传播的话题性事件有这几种类型：节假日活动、特殊天气、大型赛事、娱乐活动、民生热点、新科技、新发现、名人逸事等。在真实性事件发生后进行热点事件营销的策略计划性很差，更多的是借助于热点试点。我们这里主要讨论的是策划类事件，即为了营销活动策划的热点事件。

1. 事件营销的要素

（1）知名效应。知名效应是指知名的人物、地点、文化等产生的营销价值，知名度越高，其产生营销的价值也越大。利用知名的人物、地点和文化产生的影响力，通过策划、组织达到营销效果。知名人士、名胜古迹、特色文化是事件营销的重点，也是消费者容易信任的因素。

（2）热点事件。热点事件可以借势也可以造势。借势是把热点事件的高关注度嫁接到自身产品上；造势是创造一个新的概念，引发群体关注和追捧。

2. 事件营销的操作方法

（1）事件和热点的选择。在挑选热点和事件时，不管这个热点是人、地还是事件，都需要将其和自身的营销产品、营销目标相结合，热点应服务于营销。因此，首先要明确营销的最终目标和要达到的预期效果是提升品牌的影响力还是提升产品的销量，不同的营销目标就必须选择不同的营销方法和热点；其次需要寻找热点与营销目标的结合点，使热点必须有一个切口和目标相融合，并找到强粘连、强互动的借力点，根据产品营销的目标，充分利用热点的借力点作为产品的烘托和支撑。如果没有互动的价值，不可强联，否则有可能产生反作用。

（2）策划。把热点与营销目标相结合，寻找角度和切入点。通常使用的方式包括借助热点事件切入，将当前热点事件与企业自身的品牌、产品、服务等特质结合起来，开展营销活动；新颖概念切入，通过提出一些新颖的理念和概念，吸引目标用户的注意力并刺激其购买欲望；明星效应切入，通过选择明星代言产品，提升产品的价值，利用明星的效应提升企业和产品的知名度，但在明星的选择上要基于产品的特性和用户群体综合衡量；热点舆论切入，通过用当前热点舆论策划和设计与自身企业和产品相关的软文，提升企业美誉度和产品的销量；造势新闻事件，通过用当前热点事件造势来获得用户媒体的关注；活动切入，通过各种宣传活动获得用户及媒体关注，比如公益活动等；赞助冠名切入，通过冠名赞助相关活动，提升自身的知名度。

发布渠道非常重要，一般来说，发布渠道主要为社交平台，比如微信、自媒体、今日头条等，通常会采用新闻发布会的形式，通过媒体渠道来推广新品牌。或者利用名人效应，举办名人发布会。

3. 事件营销策略

（1）真心牌。俗话说“人心都是肉长的”，企业假如内心记挂着顾客，可以为顾客做一些实事，顾客一定不会视而不见的。要是企业把分内事做足，就会提升顾客对该品牌的好感度。这方面最经典的实例就是海尔厂长张瑞敏砸冰箱的故事。

（2）热点牌。出现社会热点话题时，新闻媒体常常闻风而动，四处收集相关信息素材。这些社会热点也是群众关心的焦点。假如恰当围绕这些社会热点来策划营销事件，则会达到事半功倍的效果。

（3）争议牌。争议是永恒的热点，是最容易引起大家关注和广泛传播的话题。在策划事件营销时同样如此。争议越大，事件越成功。

（4）公益牌。公司发展离不开社会发展，没有社会的发展也就没有公司的发展。而作为有良知的公司，有义务和责任回馈社会。有个名词叫“企业社会责任”，指公司对投资人之外的利益相关者群体所担负的法律责任和道义责任。公司在做慈善活动、回馈社会的时候顺便宣传自身的产品，确实是一箭双雕的美事。

（5）名人牌。名人效应的效力不容小觑，知名人士的一举一动都会登上新闻媒体头条，被知名人士光环笼罩的事物都有可能成为被关注的焦点。

（6）新奇牌。群众对于新鲜的事情一直充满兴趣并维持着高度的关注，这是人们骨子里的“求知欲”在作怪。假如我们在策划事件营销时可以满足大家的好奇心理，自然会变成大家的焦点。

4. 事件营销注意事项

（1）产品授权：牵涉两个层面，一是相关农产品的授权和许可；二是相关热点事件中牵涉到的知识产权授权和许可。

（2）具有合理性和逻辑性：无论是借助热点还是借助名人进行事件营销，在结合企业和农产品营销时，切入的角度一定要体现关联度和黏合度，并具有一定的合理性和逻辑性，要经得起消费者和媒体的推敲和讨论，不可无中生有，生搬硬套，否则只会起反作用。

（3）找到关键点：营销的事件必须要具备和农产品结合的关键点，要做到四两拨千斤，使用更少的资源实现更大的价值。

（4）长期性：真实的农产品营销不是一个短期行为或者一票子买卖，品牌的建立和维护都是长期的过程。因此，在事件营销中，切不可短期为之，需要从长计议，形成长期的系列营销。

（5）遵纪守法：在事件营销中，需要遵纪守法，不可违反伦理道德，内容应积极向上，不可打擦边球或无节制地炒作。

（九）充分挖掘农产品卖点

农产品有很强的地域因素限制，这一点赋予了其很强的地域性，而地域的复杂特点也使得地域农产品带有很强的特色。同时，“卖点”是呈现给产品消费者的，消费者的观念就是“卖点”的构建基础。所以，我们要在了解农产品地域性和顾客消费观的基础上，去发现和创造农产品的卖点。

1. 发现地域性的卖点

农业生产带有很强的地域性，地理环境对农业的影响是显而易见的，而多样的地理环境，赋予了农产品很强的地域特点，这也是农产品的“卖点”之一。每个地区都有合适生长的农产品，一般来说，这一点不会随着种植技术的进步而改变，带有地域性的“卖点”主要有以下几点：

（1）地域种植环境：包括地理特点、气候、土质等，每一个种植区都有其标志性的地域特点，传统农产品产区因其优良的地理环境，一直以来都是某些产品的优质产区。

（2）产品品质：这也是由地域特性决定的，合适的地理生长环境和合理的种植技术才能产出优质的农产品。

（3）产品地域历史：地域性农产品种植经过人们长期的实践，总结出很多经验，特色农产品的地域特点决定了其具有很强的地域历史，也是此地区适合种植此产品的有力见证。

（4）国家机构认证：我们国家为了优化农业产业结构，提高地区农产品的竞争力，一直致力于加强对特色农产品的地域性认证，比如地标产品认证、有机认证等。

2. 创造人文卖点

随着消费观念的进步，人们除了注重农产品绿色健康的品质要求之外，还青睐于一些带有人文故事的农产品，这是消费者对物质和精神双层需求的体现。人文“卖点”，可以感人、可以有趣、可以具有情怀、可以是历史典故，有品牌故事的产品更便于传播和流通。

高端营销讲故事、中端营销讲场景、低端营销讲产品，创造农产品的人文“卖点”是很有必要的。比如，冰糖橙是甜橙的一种，属云南著名特产，以味甜皮薄著称。甜中微微泛着酸，正好能够形容人生的味道。

（十）发展数智化农产品品牌

为解决农产品同质、低端问题，加快品牌建设成为促进农产品提升附加值的重要路径。数智技术为打造农产品区域公用品牌、创建企业知名品牌带来了新的机遇。

1. 农产品区域公用品牌打造

农产品区域公用品牌是指在自然条件得天独厚的地区，具有悠久种植历史、独特养殖方式和精细加工工艺的农产品，在地方政府、行业组织、龙头企业等营销主体的强力运营与管理下形成的具有明显区域特征的农产品品牌。

农产品区域公用品牌不仅具备区域优势和区域特色，还具有区域内的资源共享性、市场排他性、文化持久性、名牌效应性、消费从众性、实体性、品牌虚拟性等特点，是区域内众多农产品生产与经营者所共用的资源。打造农产品区域公用品牌是一个集体行为，能够有效扩大地方农业产业发展的前景。目前，大多数农产品区域公用品牌应用的都是基于农产品地理标志而形成的品牌化经营模式，其中建设基础较好的地区包括山东、四川、湖北、山西等省份。农产品区域公用品牌是我国农产品品牌建设的重点，是带动企业品牌和产品品牌建设的基础，可以推动区域整体农业产业链的发展，促进当地农业的转型升级，给当地农民带来增收和工作机会。阿里研究院数据显示，纳入《中国农业品牌目录 2019 农产品区域公用品牌消费索引电子手册》中的 300 个农产品区域公用品牌在电商平台的销售数量增速较快，在 2020 年疫情防控期间出现了爆发式增长，消费者的认知度和忠诚度也明显提升。“区域品牌 + 数字营销”的方式降低了生产主体进入市场的成本，实现了品牌溢价，拓宽了品牌的推广渠道，扩大了农产品的有效供给之路，满足了消费者的需求，是助农增收的重要途径。

我国农产品区域公用品牌创建相对比较成熟的模式主要有单产业突破、全产业整合和全资源融合三种，未来还将实现乡村全域的品牌化。

单产业突破型农产品品牌的发展模式是目前最具成效的模式之一，即明确一个主导产业，构建一个主体企业，塑造一个主打品牌。我国正逐步推进农产品区域公用品牌目录建设工作。2021 年，农业农村部出台了《农业生产“三品一标”提升行动实施方案》，提出到 2025 年，打造国家级农产品区域公用品牌 300 个，结合粮食生产功能区、重要农产品生产保护区和特色农产品优势区建设，培育一批“大而优”、“小而美”、有影响力的农产品品牌。各级地方政府、农产品协会不断结合地方优势农产品，整合资源，优化格局，使农产品区域公用品牌目录索引引领和带动消费。

近年来，随着农业农村信息化的推广，数智技术成为打造和推广农产品区域公用品牌的主力。首先，农产品区域公用品牌溯源体系能够精准、及时地监测农产品的生产、质量监控、物流、售后服务等环节，建立起公用品牌品质的“护城河”；其次，数智化的语言能实现同消费者的互动和交流，通过实时的品牌信息双向反馈及时调整品牌定位和销售渠道；最后，借助数智技术，经营者还能准确获取品牌的市场竞争状态、消费者与品牌的关系、品牌传播效果等信息。在技术方面，数智化农产品品牌主要依托于农产品地理标志的数字营销平台，从受众策略、内容策略、媒体策略、整合策略等方面进行综合提升。

2020 年，阿里巴巴启动了扶持中小企业的“春雷计划”，实现了 20 个省市、2000 个产业带的数智化，培育出了 1000 个区域公用品牌。从沧州小米到兰州百合，从阳澄湖大闸蟹到蒲江猕猴桃，从五常大米到河北雪梨，从山城竹纸到佛山家装，借助数智化营销，这些具有地方特色的农产品变得“有名有姓”。“春雷计划”使品牌产品在达成喜人销量的同时提升了品牌价值，让产业带里的企业都能享受到品牌红利，从而达到平台、品牌、产业相互促进的效果。

区域公用品牌建设具体包括品牌理念识别系统、品牌视觉识别系统和品牌行为识别系统。

2020 年 11 月，通过品牌理念识别、品牌视觉识别和品牌行为识别等设计，浙江省龙泉市发布了区域公用品牌“龙泉农师”，包括香菇、木耳在内的首批农产品入驻盒马，在盒马线上旗舰店和线下店铺进行同步销售，打造高附加值的精品农产品。基于天猫平台的大数据分析，“龙泉农师”还对选品、包装和销售进行了全面的数智化升级，打造出了适合网上销售的农产品。

2. 企业知名品牌创建

优良的品牌效应在一定程度上能使农产品的经济效益得到迅速提升，还能提高消费者对品牌的忠诚度和好感度，从而树立品牌认知，助力品牌营销。

在互联网上营销农产品时，应将农产品的优势发挥出来，将农产品的文化价值和品牌效应相结合，对品牌进行全方位的打造，从而促进农产品与互联网营销的互利互惠。数智化赋能企业知名品牌的创建主要包含以下几个方面：

第一，数智技术助力企业生产端智能管理。数智化体系可以借助物联网、大数据、人工智能等先进技术，结合企业的生产模式和特定需求，为企业打造一套专门的管理系统，帮助企业实现生产端的数智化升级。通过精准溯源、实时监控和及时反馈，实现企业生产端的智能管理。

第二，数智技术推动企业销售端精准营销。相比传统的营销模式，数智技术可将企业的营销情况透明化、可视化。大数据技术可以快速识别出农产品的潜在消费者，并精准投递广告，还可以筛选出忠实消费者并进行长期的维护。不仅如此，数智技术还能为企业深度分析电商平台、分销系统和营销模式，让企业实现对消费者的深度沉淀和精准营销。

第三，数智技术加速企业零售端转型升级。随着数智时代的到来，企业零售端势必面临全新的转型升级。企业可以通过物联网等技术采集消费者行为信息，分析消费者行为轨迹，对不同类型的消费者进行人群画像分类，从而全方位、多角度地提升消费者在零售端的购物体验。

近年来，农产品电商平台以特色化、品牌化建设为突破点，充分利用“互联网 + 农业”等新模式，加强对特色农产品品牌的推广宣传，助力打造知名企业的农产品品牌。例如，柳桃等产品依托互联网平台，通过深度挖掘自身品质、内涵和特性，打造出了差异化的农产品品牌，借此不断提升品牌价值和影响力，树立良好的企业形象，为企业和行业带来创新和成长。

除此之外，品牌 IP 化也是品牌化升级的一种方式。品牌 IP 化可以折射出企业的价值观、人生观和世界观，让消费者对农产品产生文化和情感上的共鸣。

IP 化也被认为是品牌进化的高级阶段，标志着品牌具有了独一无二的特征，从互动内容和服务上与消费者进行人性化的沟通，持续提升消费者对品牌的忠诚度，从而形成专属的品牌 IP。

第六章　乡村振兴背景下农村电子商务服务体系的优化

本章为乡村振兴背景下农村电子商务服务体系的优化，共三节。第一节为乡村振兴背景下农村电子商务基础设施的完善，第二节为乡村振兴背景下农村电子商务物流的完善，第三节为乡村振兴背景下农村互联网金融的发展。

第一节　乡村振兴背景下农村电子商务基础设施的完善

一、完善农村电子商务服务体系

（一）建设综合服务管理中心

县主管部门应当打造集产品整合、电子商务运营服务、推广、营销、数据统计、电商培训等功能于一体的综合服务管理中心，线上统筹电子商务平台的整体运营实施和全网络实施，线下组织县域产品资源形成产品库；建设办公区、线上体验区、扶贫产品展示区、培训室、孵化室等，提供业务咨询、技术服务等电商运营整体配套服务。服务中心由中标企业入驻运营，其运作重点在于解决农产品上行难的问题。县电商办及有关部门应做好运营商的管理和服务工作。

服务中心一要做好资源整合和专业服务对接工作。二要负责制定具体细化的电子商务运营推广实施方案；负责与第三方平台进行对接，落实上级各项政策，深入挖掘本地特色产品，组织特色企业入驻县电子商务公共服务线上平台。三是整合全县特色产品、特色产业，通过“培训+孵化”，为特色农产品及特色产业产品提供价值提炼、品牌包装、宣传推广、市场营销、公共关系等方面的服务支撑。四是引导企业进行产品研发、品牌营销推广、美工设计等工作，打造县电商核心品牌，形成以县优势品牌牵引，依靠良好技术平台支撑，具备持续良好运营能力的电子商务进农村运营体系。五是积极协调交通、邮政、供销、仓储、商业网点等物流快递资源，多形式、多渠道、多类型发展快递物流服务业，引导物流快递企业在乡镇建立配送门店，在行政村建立快递服务点，打通农村物流“最后一公里”。

（二）建设乡（镇）电子商务服务站

第一，建设方式。依托乡镇的商贸流通企业、电商企业、合作社、便民超市等现有资源，将其整合、升级、改造为乡镇电子商务服务站。

第二，站点选址。乡镇电子商务服务站选址由县电商服务中心人员深入各乡镇对现有资源进行实地考察，充分征求乡镇意见后，再将位置条件、人员条件等进行对比，公开透明地对候选站点进行择优选择建设。服务站尽量安排在乡镇所在地或者农村繁华地段，结合乡镇的商贸流通企业、电商企业、合作社、便民超市等进行建设，并办理营业执照等相关证照，获取合法的经营主体资格，以保证正常营业。现有的乡镇电商服务站，可根据条件需要进行整合、搬迁、升级改造等。服务站建设面积应不少于30平方米，应设有电商办公、商品经营、产品存放等场地。乡镇电商服务站选址要充分考虑物流服务站的整合建设，谋求长远发展。

第三，服务功能。乡镇服务站建成后，应具有零售、实体体验、网络代销代购、技术服务、农产品收集等功能。对上承接县服务中心安排的业务，并能够提供产品整合、销售信息、技术指导等服务，引导辖区内商贸流通企业、电商服务企业、供销社、邮政等主体进行信息化改造，提供多种线上线下便民服务，扩大服务规模，丰富服务内容；指导当地村民通过网销产品扩大就业，带动本地电子商务业务发展；同时充分展示电商扶贫工作。服务站应对服务区域农民的需求和生产进行摸底统计，定期向县电商办或服务中心报送各类信息。

第四，人员配备。每个乡镇电子商务服务站至少应配备一名及以上专业操作人员，一般要求初中及以上文化水平；无违法犯罪记录，无不良信誉记录；优先考虑当地居民，具备电脑操作的基本能力，能够应用各个电商平台；熟悉当地产业的基本情况，具备一定的营销能力；认同电子商务进农村项目，接受县级电子商务公共服务中心相应的管理与培训。

（三）建设村级电子商务服务站

第一，建设方式。在交通便利、产业优势明显或人员相对集中的行政村优先建设村级电子商务服务站（点），待条件成熟，再逐步增加站点建设。村级服务站（点）由县服务中心提供统一门头安装、制度墙、电脑、货架、电子荧光板等基本硬件设施，县服务中心可根据站（点）实际情况调整硬件配置。

第二，站点选址。村级电商服务站点建设应根据各行政村的交通、产业、网络通信等条件，开展实地考察或由乡镇推荐，确定优先建设行政村名单；村级服务站点具体选址由县服务中心结合行政村内产业合作社、超级市场、小卖部等的实际情况，通过位置条件、人员条件等方式比选确定。服务点的实际经营地应选在村委会所在地或人员相对集中的村组，所在村应具备基本的网络和通信条件，对当地农村电子商务发展和应用起到带动作用。村级电子商务服务站（点）建设面积应不少于 15 平方米，配备不少于 1 台电脑，应设有电商办公、商品经营、产品存放等场地，并办理营业执照等相关证照，具备合法的经营主体资格，保证正常营业。村级电商服务站（点）选址要充分考虑将物流服务站（点）整合建设，谋求长远发展。

二、合理规划农村电子商务平台

（一）第三方平台和自建平台

涉农企业在网上销售自有产品可以借助两种途径：一是在电子商务平台上开设店铺；二是自立门户型的企业电子商务网站。为了个人或企业能够进行网上交易而开设的平台就是电子商务平台，一般提供各类服务的都是买卖双方之外的第三方平台服务商。企业电子商务平台是企业（通常是供应链的核心企业）建立在互联网上，为商务的顺利运营提供保障措施的管理环境以及进行商务活动的虚拟网络空间，同时也是整合与协调资金流、信息流、物流高效流动的重要场所。商家与企业更是可以对电子商务平台所提供的安全平台、支付平台、管理平台、网络基础设施等共享资源进行充分利用，以便保证将自己的商业活动低成本且有效地开展下去。企业电子商务网站主要面向供应链上各节点单位，如客户、供应商等消费群体提供企业范围内的交易、服务等。

1. 第三方平台

（1）优势

①信用体系比较完善，信用制度和可信度都较高；

②有较完善的购物流程；

③较具规模的平台，流量较大，客户目的性较强；

④有自身的商城模板，可快速搭建网上门店；

⑤直接利用平台已有的庞大用户资源，帮助企业节省自建及维护电子商务网站的费用和长期的推广费用。

（2）劣势

①在运营上有较多的规则限制，店面样式比较单一，显现不出自身的特点。

②需要向第三方电子商务平台缴纳一定的佣金或者保证金，如较具规模的电子商务平台会收取会员费。

③功能方面较受限，扩展性较低。如果第三方平台没有及时推出个性化功能，商家就无法使用，或者需要额外支付费用。

总结成两点就是：其一，开店成本极低；其二，经营方式灵活。

2. 自建网站

（1）优势

①没有佣金负担；

②网站空间容量不受限制，可以任意展示更多的商品，提供更好的用户体验；

③可拓展性高，网站无论是框架还是风格内容全都由商家自己掌控；

④结合自身和用户的特点，可以贴合用户使用习惯和消费习惯来提供个性化服务；

⑤在销售和服务流程中，可以采用比第三方电子商务平台更高的标准来要求自己，以便提供更好的服务；

⑥自建电子商务网站，对企业的长期健康发展非常有益。

（2）劣势

①需要购买服务器域名、软件等基础设施；

②初期投入较高，效果需要时间积累；

③建站初期可信度低，推广难度较大；

④如果需要自建运营维护团队，则需要投入较大的人力、物力成本。

总结成两点就是：其一，建站初始成本高；其二，运营的自主性、独立性强。

（二）电子商务平台选择方法

如果没有足够的人力、物力和财力，又缺乏经验，那么建议还是从第三方行业门户类电子商务平台“起家”，开启电子商务之旅。待日后具备了足够的人、财、物力，并积累了从事电子商务的经验后，再自建网站。对于有实力、有经验的涉农企业，建议最好同时经营自建网站和平台店铺。

农产品的供应方有如下选择：对于农产品提供方来说，待售的农产品通常已经确定，如种庄稼，就不可能卖蔬菜。在待售农产品已确定的前提下，可以根据农产品的细分门类来选择网络交易平台。如果是基础性农产品，即粮、棉、油、糖等，建议选择农业大类里的细分行业门户网站，如待售的是玉米，就可以选择中国玉米信息网等玉米行业门户网站。如果是生鲜农产品，即所售农产品是水果、蔬菜等，则建议选择生鲜品电子商务平台。目前，提供此类平台服务的提供商主要有三类：第一类是综合性电子商务平台的生鲜频道，如天猫的生鲜水果频道、京东的生鲜频道、顺丰的顺丰优选等；第二类是细分行业门户网站，如中国枣网等；第三类是具有区域特色的生活服务类电子商务，如安徽朗坤物联网有限公司的“农市通”电子商务平台等。

如果是农产品的需求方，则需根据农产品的用途来进行选择：如果用于初级农产品的再加工，可以参考以上所述供应方的选择；如果购买的产品主要用于消费，则需根据购买者的消费习惯及消费环境进行选择。

总之，无论是供应方还是需求方，及时准确地获取信息、互动便捷的信息沟通均是在选择电子商务平台时首先需要考虑的条件。

（三）电子商务平台的建设方案

1. 选择适合的电子商务切入模式

应当按照每个地区不同的农业经济发展特点，采取能够适应该地区发展的农业电子商务切入模式。在经济不太发达的地区可以将供销信息经过农业信息网发送到网上，而交易则在网下采用初级电子商务模式进行；在经济比较发达的地区，就可以用电子化交易在电子商务平台中实现写合同、接洽、货款支付等，除去物流之外，资金流、信息流、商流等都是在网上进行的。

2. 加强农业产业化数据库建设

应当进行协调指导与统筹规划，对农业产业化的数据库建设也应同时加强，提升数据库资源的开放利用水平和拥有量。与此同时，还要在各部门和地区之间与本地发展产业化的实际情况加以结合，基于特色数据库，达到通畅数据交换和信息资源共享的目的。

3. 建立高效规范的信息数据库系统

在当今这个信息时代，谁能最先得到信息、使用信息，谁就能赢得市场和利润。此外，还应建立起高效且相对完善的信息数据库系统，以此来发挥农业电子商务的巨大潜力，也就是能够建立起一个高效、良好的收集、分析信息的数据库系统，从而优化自身的资源配置，降低成本，提高效率，提高市场占有率。

4. 农业电子商务平台的宣传和推广

无论电子商务平台是通过哪种方案搭建的，都应做好网站的推广，增加访客量，从而获得社会的普遍认可。但同时也应注意，在设置平台时要彰显农业特色，同时具备好的交互性和安全性，以便将信息在各个公共媒体的网站中发布，在发布时注意设置好友情链接。此外，还要给可能合作的客户发送电子邮件，寻找机会，并让客户通过搜索引擎找到自己的网站。

（四）电子商务平台的总体设计

1. 总体框架

新农村电子商务平台由两个体系、四层结构组成。两个体系是指身份认证和安全体系、运行维护保障体系，四层结构从下到上分别是基础层、资源层、支持层和应用层。基础层是指平台的基础框架环境，由计算机设备资源库、计算机网络及呼叫中心通信网络、数据库和应用服务器、交换器、存储设备等构成。资源层提供分析基础数据的资源，包括商品库、商品信息库、客户资源库、咨询库、评价库、账户信息库等。支持层包括搜索引擎、数据挖掘分析、协同工作支持等。支持层通过对商品或者评论信息进行数据分析，得到平台建设、服务的决定性决策依据，同时为大家提供邮件服务、文档管理等信息。应用层是平台管理入口，为客户提供服务窗口，属于信息门户，作用包括用户注册、数据查询、信息咨询、在线购买、物流跟踪、商品评论、退货管理等。身份认证和安全体系，包括对主机、计算机网络、应用系统、系统运行进行的安全设计。运营维护保障体系具有专业性、标准性、统一性和公共服务性。

2. 业务构架

商家在电子商务平台上发布商品信息，消费者通过手机、电脑等电子设备联网访问交易平台，购买自己想要的商品，并用银行卡、支付宝、微信等支付，之后可查看订单信息和物流信息，如有疑问，消费者可以联系客服。完成上述框架需要一定的技术支持，可以采用面向对象的设计方法和多层结构。面向对象是较流行的大型开发软件，优点是能够提高开发的效率和质量。多层结构优点是安全性强、效率高、可塑性和开放性强、易于维护等。

三、发展数智化农产品管理系统

农产品的分拣、包装是农产品进行一切物流和销售活动的前提。高效且有质量的分拣、包装能够有效降低农产品在运输过程中的损耗，从而减小损失。仓储是物流环节中的重要一环，其管理水平的高低直接影响到后续各个环节的有序进行。

长期以来，我国农产品的分拣、包装与仓储都沿用传统的技术手段及人工管理的方式，这种方式存在效率不高、管理水平低下等问题。以现代数字化、人工智能等为核心的技术为农产品的分拣、包装与仓储提供了一个全新的数智化解决方案。数智化分拣能够实现农产品的精准分拣，保障农产品的质量；数智化包装能够提供更多关于农产品的信息，保障农产品的安全；数智化仓储能够管理各个环节数据的准确输入，提供更高效的管理手段。

（一）数智化产品分拣和包装

在农产品收获的季节需要投入大量的人力和物力来进行分拣和包装。农民及种植园主往往因为人力不够而遭受经济损失。此外，规模化的种植也加大了对人力和物力的需求。传统的机械化分拣和包装方式，虽然在很大程度上提高了分拣和包装的效率，但往往因为过程粗糙导致农产品质量参差不齐，难以提高品质，不利于农产品的品牌化发展。而现代数字化、人工智能等手段，可以在保证效率的同时，实现农产品的精准分拣和包装，有效保障农产品的质量。

数智化分拣，通俗来讲就是使用现代数字化、人工智能等手段配合机械手臂对农产品进行自动化的分拣。农民最繁忙的季节莫过于秋季。而对于种植果蔬的农民来说，采摘果实仅是所有工序的第一步，接下来还需要把这些果实进行分拣、筛选，这无疑是一件工程量极大的事情。一些大型蔬菜、水果的种植园甚至每年都会聘请专业的工人对采摘的农产品进行分拣，这样做不仅费力，而且费时，甚至会影响到蔬菜和水果销售的黄金时间。而一台数智化农产品分拣机可以很好地解决这个问题。数智化农产品分拣机的工作原理基本可概括为以下几点：

（1）人工智能算法通过大量的图像来训练机器人。无论农产品是成熟的还是未成熟的，机器人都能识别出来，准确地掌握要采摘的作物，并将其摆放到指定位置。

（2）人工智能软件与机器人相结合，类似于人脑的神经网络系统和人的双手相结合，使机器人同时具备识别和执行的能力。

（3）人工智能具有强大的迁移学习能力，可以通过云端大脑与部署在不同地方的机器人共享数据，实现远程智能。例如，部署在农场分拣中心的机器人可以向部署在全国各地的机器人学习，每个机器人都可以从另一个机器人那里继承识别农产品的经验。

数智化包装是指具有检测、感知、记录、跟踪、反馈、预警等人工智能功能的包装技术，在我国农产品市场中尚处在起步阶段。目前，大多数电商企业在农产品物流中仍采用手工方式进行分拣、包装和仓储，缺乏对农产品的信息化管理，造成物流效率的低下，无法适应智能化的“新零售”商业模式。在此背景下，基于射频识别（RFID）技术的农产品电商智能包装系统应运而生。RFID 系统在农产品出厂时就得以应用，用于记录农产品从工厂开始的所有状态，包括数量、类别、农产品生产商、到期时间和地点，这样可以降低在一次包装和二次包装中手工操作的出错率，缩短农产品的配送时间，降低农产品的物流管理成本，保证生鲜农产品的质量，提高零售终端的智能化水平。在农产品出厂时，包装流水线上的 RFID 阅读器会将包装信息写入农产品包装上的 RFID 电子标签中。结合物联网、云服务等技术，可建立一个智能生产管理系统，用于记录农产品的生产信息。一方面，方便了消费者在终端查看农产品来源及加工信息，确保农产品的安全；

另一方面，可以降低生产过程中各个环节的出错率，即使出错也可以更快速地回溯到对应环节，缩短农产品的配送时间，保证农产品的新鲜品质。

（二）数智化产品仓储系统

仓储系统是介于商品生产者和消费者之间的环节，其作用是对商品进行贮存，缓解供需之间的矛盾，解决商品供需不平衡的问题。国内很多仓库的自动化程度低，高度依赖劳动力，存在取货、存货、盘货费时费力的现象，同时面临仓库空间利用率低，农产品损耗较大，湿度、温度调整不及时的问题。另外，在需要保鲜的农产品仓储中，会使用到冷链物流。目前，我国的冷库位置分布不均匀，仓储的空间供需匹配度有限：储藏鱼和肉类的冷库（温区为 –25~–18℃）数量较多，但储藏生鲜果蔬的冷库（温区为 5~15℃）供不应求，并且缺乏现代化信息技术的应用。随着当前电商的飞速发展，仓储货物总量和种类大幅增加，数智化仓储系统的应用就显得极为重要。

数智化仓储系统是指利用计算机科学、自动化、物联网等技术，为货物的入仓、出仓、仓储信息提供自动化、智能化控制。数智化仓储系统主要由信息采集、数据通信、全球定位系统（GPS）、实际操作界面四个模块构成。

（1）信息采集模块：该模块是当前数智化仓储系统的应用前端模块，主要功能是利用 RFID 模块完成货物信息的采集。RFID 模块主要包括 RFID 阅读器、RFID 电子标签和红外感应模块。通过对货物信息的标签张贴完成对货物信息的采集、分类。

（2）数据通信模块：此模块旨在实现整个数智化仓储系统的信息通信。在实际货物拣选入仓的过程中，仓库中大量的智能机器人通过自动化控制有序地将所要入库的货物搬运至拣选工作台，由数智化分拣机分拣后再交由智能机器人搬运到对应的仓库货架上，从而简单高效地完成货物的入库。

（3）GPS 模块：为了满足数智化仓储系统中货物位置的信息查询需要，设定了 GPS 模块。通过信息采集和定位技术可准确定位所要查找的货物的位置。传统的入库采用人力搬运、人工记录的方式，既烦琐又容易出错。应用 GPS 等信息技术后，当仓库收到货物出库请求时，系统便会检索货物余量并显示货物位置。管理员可在实际操作界面发出指令，之后智能机器人搬运货物，以此省去人工搜寻、搬运货物的时间，大大提高了货物出入库的效率，且降低了错误率。

（4）实际操作界面模块：通过良好的人机交互界面，管理员可对仓库的温度、湿度等各种状态信息进行调节。管理员也能实时掌控货物入库、盘点、库存、出库、移库等各个环节的信息，以便及时做好库存调整。这项技术极大地提升了仓储管理的工作效率。

我国数智化仓储系统的应用大多集中在珠三角地区和长江流域附近，东北和西北地区分布较少。数智化仓储系统通过重构农产品存储过程，实现农产品的入库登记申请与标签制作、出入库管理、库内管理、系统管理等主要功能，科学高效地管理仓储生鲜农产品的采摘日期、保质期等信息，建立信息采集制度；按照规范化与标准化的要求配备计量称重、视频采集、温湿感应等设施设备，实现仓储保鲜信息的自动采集、汇总处理和统一发布，为宏观决策提供数据支撑；通过大数据实时监管流通量，定期掌握存储量，实现对农产品物流仓库的少人化或无人化管理。

（三）农产品溯源系统

随着经济的不断发展，人们的生活水平也得到了极大的提升。与此同时，对食品的需求逐渐从“吃得饱”转变为“吃得好”。农产品作为人们生活中不可缺少的一部分，其质量安全是人们最为关注的问题。为了提升消费者的信任度，农产品供应链需要进一步向可持续方向转变，并跟踪和认证全流程信息。农产品供应链溯源体系正是用于监控农产品质量安全的有效手段。但是，传统的农产品供应链在实践过程中暴露出了数据易被篡改、标准不一等问题，直接影响了农产品溯源的效果。

区块链是一个由不同节点共同参与的分布式数据库系统，具有去中心化、不可篡改、全程留痕、可以追溯、集体维护、公开透明等特点。它以非对称加密的方式将用户交互信息封装成数据块，即区块，然后对其加盖时间戳，并根据链接算法生成一个哈希值，作为该区块的链接指针，与前后区块相连，从而将若干区块链接形成一个“环环相扣”的区块链条。当有新的区块被添加到链条末端时，每个用户节点都需要对自己已存储的链条数据进行更新，确保数据实现分布式存储。如此，数据一旦被书写便很难被移除或修改，从而保证了数据的可靠性。通过结合区块链技术，可以建立一个去中心化的农产品供应链溯源体系，提高农产品的可追溯性，加强农产品供应链的安全性，提高其透明度。农产品供应链溯源体系各阶段的工作原理基本相同，但是不同的农产品在具体部署上存在一些差别。目前，农产品供应链溯源体系主要应用于关乎食品安全的农产品及具有高附加值的特色农产品中，但是未来的趋势不会局限于这几种农产品，将会包含种植业、畜牧业、渔业等各种产品。

以下以种植业为例，介绍基于区块链的农产品溯源的业务阶段：

（1）种植阶段。该阶段的责任主体主要是农户。由各种传感器通过物联网自动、连续收集并传输农作物的有关信息。这些传感器能够与区块链中的分类账进行对接，实现数据的实时传输。在农作物播种、生产、收获阶段，利用温度、湿度传感器等物联网智能设备进行实时自动检测，收集农作物的播种时间、生长状况、环境特征、农药使用量、收货日期等信息，完成农产品信息文档。

（2）加工阶段。追溯信息包括加工时间、消毒手段、添加剂信息、第三方检测合格证明等。加工企业将生产日期、保质期、产品批次等信息贴在产品包装上，并用安全信息溯源查询生成二维码等，以便消费者查询，然后将农产品交于物流运输人员手中。

（3）物流阶段。由于农产品保质期短、容易腐烂，对环境质量要求较高，因此其运输与存储多使用物流企业专门的冷链运输技术。需要配备温湿度、微生物、氧气、二氧化碳传感器等智能设备，将物流信息和冷链信息存储在区块链系统中。存储的信息主要包括卡车和产品数据、运输时间、环境参数、仓储位置、出入库时间等。

（4）销售阶段。由于农产品来源渠道的复杂性，商家在售卖农产品时要认真核查农产品的生产、运输信息，保证农产品的质量。产品名称、产品价格、交易时间、保质期等交易信息应同步、实时传输到区块链溯源信息系统中。消费者可利用产品上的二维码、条形码获取相应的农产品生产地、加工信息、配送信息等，来辨别农产品的质量安全、真假等。

云南省普洱市日照充足，红壤条件优良，适合茶叶深耕厚植。但普通人很难从外形分辨茶叶真假。近年来，“互联网 +”已逐渐成为农业发展的新引擎和传统农业向现代农业转变的重要途径。区块链溯源使茶叶的产地信息保障真实，质量有了科学保证。

2016年，普洱市在云南省率先推进名山普洱茶品牌质量追溯体系。普洱市通过“统一品牌、统一标准、统一检测、统一监控、统一标识”，着力构建以联盟为主体、以标准为引领、以生产可追溯为保障的质量监督体系，探索出“有标识、有标准、有检测、有监控；可识别、可查询、可追溯、可信任”的普洱茶品牌质量追溯体系，已成功推出景迈山、普洱山、凤凰山、无量山、景谷山、千家寨、江城号“7县7山”名山普洱茶品牌产品。在此基础上，普洱市以消费者的关注为焦点，突出产地溯源关键环节，创新思路，进一步升级模式，遵循“源头可溯、去向可追、风险可控、责任可究、公众可查、社会共治”的原则与目标，将区块链技术与质量追溯体系深度整合，于2020年3月在云南省建成了第一个场景式普洱茶品质区块链追溯平台。

第二节　乡村振兴背景下农村电子商务物流的完善

一、建立农村物流配送体系

2016年，商务部发布了《农村电子商务服务规范》(以下简称《规范》),《规范》中指出要在整合现有的县域物流资源的基础上，进一步整合第三方物流企业、电子商务平台企业、电子商务企业资源，建立完善农村公共仓储配送体系和县级物流中心。县级物流中心包括农村物流仓储中心和物流运输体系建设和农村物流信息管理平台建设，是县、乡、村三级农村物流体系的关键枢纽和指挥中心，是结合货物集散、仓储、冷链、分拣和配送于一体的区域物流中心。

县级物流中心需要建设的内容包括：县、乡、村三级电子商务仓储物流中转、一个物流体系运营团队、一套管理制度和一个高效机制。

县级物流中心主要功能为：仓储、冷链、物流中转和配送。县域农村电子商务的发展包括“工业品下行”和“农产品上行”，因此县级物流中心和物流配送体系必须要能够满足本地电子商务的发展需求，包括“工业品下行消费”和“农特产品上行销售”的需求，着重点在于“农特产品上行销售”。针对有特殊要求的生鲜农产品，县级物流中心应具有农产品冷链物流设施，有适度规模的冷库仓储，提供农特产品的冷藏、保险等服务。

镇村电商仓储中转配送，主要依托镇级电商服务中心和村级电商服务站，设立电商中转配送点，扩大农村的物流快递业务量。乡村电商服务站承担快递的代收代发工作，可大大节省第三方物流的人工、时间、运输费用，解决物流企业落地难的问题。乡村电商服务站要根据服务半径设计配送库的容量，解决各类农资和农畜产品的仓储中转运输问题，达到便民和缩减物流成本的目的。依托村级电商服务站、便利店、农资店等便民服务网点，在各社区、乡镇、行政村建设乡村物流配送服务网点，集中收发快递。形成县、乡、村三级物流配送体系，实现从县到乡镇到村的快速配送，为老百姓网销、网购提供物流便利，全面推进电子商务进农村工作。

县域应当合理建设运输体系，配备与需求相适应的运输车辆、配送人员等，确保到村配送时间不超过 3 天；应当以县级物流配送体系为依托，建设集县级物流中心大宗货物配送及各快递机构小宗网货配送信息于一体，在物流的仓储、配送、流通加工、信息服务等各个环节实现系统感知、全面分析、及时处理和自我调整等功能的现代智慧物流配送平台，并开发相应的 App；应当以县域物流仓储中心、乡镇物流配送站、村级物流配送点为基础，企业自行主导购买冷链设备设施，搭建县冷链物流系统，并建立与第三方物流企业冷链物流体系的对接机制，打通县生鲜农产品配送至全国的通道。

（一）建立县、乡、村三级物流仓储配送体系

1. 建设县级农村物流配送中心

规划建设物流园，采取招商引资、市场化及以奖代补方式，引进专业现代物流企业，培育地方物流龙头企业，建设集农产品分级、包装、预冷、初加工和配送物流于一体的县级农村电商物流仓储配送中心，带动全县农村电商物流发展。

2. 建设乡镇级农村物流配送中转站

在全县乡镇中建设乡镇级农村物流配送中转站。乡镇农村物流配送中转站要与本乡镇电子商务公共服务站或乡村新型商业中心示范点合并建设，相互融合，相互补充，共建、共享、共用，为本乡镇居民销售当地农特产品和购买生活必需品及生产资料提供服务。

3. 建设村级农村物流配送中转点

在全县行政村建设村级农村物流配送中转点。村级农村物流配送中转点要与本行政村电子商务公共服务点合并建设，资源共享，共同为本行政村居民的农产品上行和工业品下行提供便捷服务。

（二）建立农村物流运输体系

第一，以县级物流仓配中心为龙头，以全县乡镇级物流中转站、村级服务站点为支撑，根据县城和各乡镇地理位置及交通情况，整合配送车辆资源，打造城乡物流配送专线，对物流网络尚未覆盖的乡镇、村充分利用现有物流运输资源与人力资源，开辟或延伸物流运输线路。集中配送车辆统一标识、统一规格、统一管理，优先配备使用节能与新能源车辆，适时开展鲜活农产品和冷藏保鲜产品配送活动；配送中心货架、装卸工具、包装工具等达到标准化、规范化要求；强化配送车辆、人员信息化管理；整个体系形成一套完整台账记录。

第二，采取“三定三统”的方式，对社会物流资源进行集聚，将网购成品及时运下乡，将农产品准时运回县级物流仓配中心，发往全国各地。“三定”即定时、定点、定线。定时：每天统一时间从县级物流仓配中心发车，到乡镇级物流中转站、村级服务点的时间相对固定，定时往返；定点：县级物流仓配中心与村级服务站点互联互通，将乡镇物流中转站作为辖区内货物投递和收发件的集中点，物流配送车定点停靠；定线：农村快递线路相对固定，固定车辆每天往返一趟。“三统”即统一运价、统一服务、统一配送。统一运价：上行、下行货物费用要统一标准收费；统一服务：县级物流仓配中心要开展统一收货、统一存货、统一包装、统一贴单、统一发货服务；统一配送：县级物流仓配中心按照线路统一配送到网点，由各网点将上行货物配送到乡镇物流中转站，再集中运往县级物流仓配中心，发往全国各地。最大限度地减少车次，提升社会物流的利用效率，降低物流成本。

（三）建立标准化农村物流信息平台

建设一个全县电商物流配送管理系统及公共服务平台，用于支撑县、乡镇、村三级物流网络公共服务体系运营，以统揽并有效整合全县现有电商企业和实体企业的物流配送，每天提供全县电商物流实际运行数据，实现对全县电商物流实时监管。系统包含仓储管理、运输管理，制定相应的信息接口标准，对接电商平台、物流设备、物流企业、物流从业人员，实现全流程信息化管控、可视化运营，打造高效率、低成本、低差错率、高安全性的物流运作。

（四）建立高效运营管理制度

针对县、乡镇、村（社区）三级物流网络制定相应的管理办法、物流服务费用、业务流程等。管理办法包括对合同数据的管理、人员培训考核的管理、服务质量管理、售后等；物流服务费用包括基本服务费、保险费、退换货服务费、增值服务费等，按照《中华人民共和国价格法》的规定，遵循公平、合法、诚实、信用的原则，制定明确统一的服务计费规则。

二、建立农产品冷链物流

近几年随着电子商务的快速发展，特别是涉农电子商务的井喷，对冷链物流的要求越来越高。中国的农产品冷链物流将成为未来的“新风口”。2012 年，京东商城、1 号店、沱沱工社等电商相继试水冷链物流业务，冷链新兴业态露头。冷链物流建设的主要内容包括以下几个方面：

（1）冷链物流信息化和标准化。冷链物流企业与省级及全国农产品冷链流通监控平台进行对接，将相关温控信息对接共享到省级乃至全国农产品冷链流通监控平台，对冷链物流各个环节温度进行监控管理。更新相关标准，加快标准推广应用，不断完善冷链物流标准体系，制定农产品冷链物流地方标准、团队标准或企业标准，或形成本地农产品及食品完整的、不断链的标准体系。

（2）冷链物流基础设施建设。一是适度支持建设改造标准化的产地预冷集配中心、低温加工仓储配送中心、冷库等设施；二是购置必要的冷藏车等设备。

（3）从业人员培训。加强相关从业人员培训，围绕标准化、信息化建设，开展专业技术知识、实操技能培训等。

三、发展数智化配送系统

近年来，随着电商平台的兴起，农产品的物流需求也在逐年增加。然而，由于我国农产品物流产业起步较晚，发展至今仍然有诸多缺陷，如物流技术水平落后，发展较为缓慢。目前，我国农产品物流还存在许多瓶颈与短板，迫切需要新技术来改善这些问题。随着5G、大数据、云计算、物联网、人工智能等新一代信息技术的广泛应用，基于这些技术的数智化物流备受当下物流行业的关注。

（一）数智化冷链物流

2021年中央一号文件明确指出："加快完善县乡村三级农村物流体系，改造提升农村寄递物流基础设施，深入推进电子商务进农村和农产品出村进城，推动城乡生产与消费有效对接。"[①] 这一提法强调了基础设施在农产品发展中的重要意义。

当前，农产品物流基础设施不完善是导致我国农产品流通损耗严重、农产品配送效率低下的一个重要原因。而这个问题的最关键之处在于农产品冷链物流。我国作为农业大国，生鲜农产品种类繁多且产地分散。生鲜农产品又是大众日常消费品，再加上互联网及电商的快速发展，生鲜农产品的线上交易额逐年上涨。然而，生鲜农产品不同于一般工业产品，在采摘后仍具有鲜活性、易损易腐性，这个特性容易使生鲜农产品的价值流失。因此，对于生鲜农产品，物流配送普遍面临着损耗的问题。数智化冷链物流可以保证生鲜农产品的安全和质量不受外部环境的破坏，从而减少生鲜农产品在储运过程中的损失。但是，目前我国生鲜农产品在流通过程中的腐损率依然较高。根据交通运输部的数据，生鲜食品流通腐损率为20%左右、年损失1000多亿元。可以说，腐损率过高是农产品流通最大的痛点。

冷链物流由于系统复杂、建设要求高，所以成本居高不下，尤其是在设备投入上。我国的冷链物流企业大部分存在规模小、水平低的问题，多数负担不起高端冷库及冷链运输工具的费用投入。许多低价格的冷库和运输工具往往在制冷机构、仓库结构、节能设计、运营管理等标准化水平上不符合要求。这些都制约了智能化在冷链物流中的进一步推广与应用，同时也制约了冷链物流标准及体系的形成。

想要打破这种局面，一是要走规模化路径。规模化能让冷链物流的各个环节之间形成更加系统化、规范化和连贯性的运作。同时，能够压缩冷链物流企业的成本，提高企业利润。当效益提升时，终端产品的售价会降低，冷链产品本身安全、质优，必然会激发更多的市场需求，形成多赢的局面，使冷链产品在未来具

① 2021年1月4日，《中共中央 国务院关于全面推进乡村振兴加快农业农村现代化的意见》.

备更强的竞争力。二是要获得政府的支持。政府资源能让职能部门充分发挥政策优惠的导向作用，激活当地市场主体的积极性，为数智化冷链物流的建设打下更坚实的基础。

冷链物流的基础设施绝非仅指冷库、冷藏车等看得见、摸得着的硬件设施，看不见也摸不着的“新基建”同样重要。数智化冷链物流主要是利用大数据、物联网等技术实现运输，或者将不同地区的商品进行配送的一种商务活动。与传统物流不同，数智化冷链物流更加精准，对农产品、食品等的保鲜运输更加高效。大数据作为数智化冷链物流的未来，其作用不容小觑。根据用户的大数据分析，能够快速反馈核心城市片区主流农产品、食品等冷链产品的销售需求，可以在物流分站实现预先发货。大数据可以帮助商家制订更为精准的生产计划，由此使商家能够在合适的地区进行区域分仓，利用大数据的预先模拟技术实现智能布局，从而优化整个数智化冷链物流的运输路线。换言之，大数据对数智化冷链物流的影响体现在企业层面的布局设点、配送人员的智能推荐等方面。这种由点到面的预测性销售及数智化冷链物流的进程，适应了新时期顾客对于资源配置和商品使用的需求。

以伊利股份通过大数据整合资源和冷链物流为例，酸奶富含活性细菌，要想酸奶味道好，就必须保证酸奶的新鲜度。据了解，过去由于交通因素和大数据限制，一瓶酸奶从工厂到超市、便利店等销售终端需要 9~10 天。为了尽快向消费者提供最新鲜的酸奶，伊利股份在冷链物流方面做出了巨大努力。伊利分公司拥有丰富的生产车间、冷库及发货平台资源，大型冷藏车与“舱门”无缝连接。在酸奶发货的过程中，为了保证温度保持在 2~6℃，冷藏车需要尽可能靠近发货口。因此，伊利股份打造了一套科技感强烈的门封设备。发货口门封采用高弹性、无记忆海绵，可保证车仓与发货口无缝连接。此外，为了提高酸奶在到达消费者手中时的新鲜度，伊利股份实现了酸奶生产、物流、销售各个环节的数据共享。销售商提前 4 天订购，酸奶车间经过 10 小时的牛奶收集、材料准备、生产和冷冻，将酸奶送到冷藏车上。现在，随着大数据分析技术和酸奶冷链物流系统的应用，伊利股份的大部分酸奶可以在 24 小时内运抵全国。即使在远离生产厂的地区，伊利股份也能在 2~3 天把酸奶送达销售终端，为消费者提供营养丰富的酸奶。

（二）数智化配送

随着互联网的发展及人们消费习惯的升级，生鲜电商得以迅猛发展。特别是新冠肺炎疫情的爆发，尽管对线下生鲜市场造成了冲击，却为生鲜电商的发展带来了新的商机和空间。调查显示，2020 年春节期间，苏宁到家业务同比增长近 4 倍，盒马订单量总体比平时增加近 50%，饿了么在北京区域的外卖买菜订单量同比增长 9 倍，每日优鲜平台实收交易额较去年同期增长 321%，预计未来我国生鲜电商市场交易规模仍将保持高速增长态势。但是，生鲜农产品配送成本高、配送效率低、配送作业智慧化程度低等问题与生鲜电商的发展格格不入。物联网、云计算、大数据等新一代信息技术的发展和应用，标志着数智化物流时代的到来。利用新一代信息技术，增强生鲜农产品配送的智慧性，提高生鲜农产品配送的精准性、科学性、标准性是发展数智化物流体系的必经之路。

数智化配送是数智化物流体系的核心功能，借助集成智能化技术，让配送系统模仿人的智能，同时具备思维、学习、感知、推理、解决问题等能力，以此对配送过程中出现的各种难题进行分析和判断并自行解决。也就是说，数智化配送利用各种数智技术从接收订单开始，就可以自动化处理备货、存储、分拣、配货、配装、配送及送达工作，让信息快速流动，让各操作环节及时获取信息，并对信息进行分析，从而做出决策。数智化物流的核心技术主要包括物联网、云计算、大数据三部分。其中，物联网可以使物物相连，通过传感、视频识别、GPS、RFID、红外线、激光等技术对信息进行采集，将货物信息、运输企业信息与消费者信息进行有机整合，从而实现现代化物流的网络化、信息化、智能化。云计算和大数据则是数智化物流体系建设的重要保障，通过云计算和大数据可对整个物流网络进行系统维护升级和数据化管理。

配送流程的数智化应具有以下特征：

（1）自动采集。传感器感知技术与 GPS、RFID 等技术结合应用，主要用于对粮食物流系统与冷链物流系统中的农产品状态、分拣配货信息、运输车辆状态及环境进行感知，将信息进行数字化处理，作为协调各项配送活动的决策依据。

（2）整合规划。当信息产生于配送流程中较为分散的作业活动中时，配送系统应具有信息收纳功能，构建基于互联网平台的数据处理中心，让分散的信息在此处进行集中、分类、规整，实现配送流程协同一体化运作。

（3）智能处理。利用人工智能、数据挖掘、智能调度、优化运筹等技术来模拟实际配送活动中出现的难题，根据具体问题提出对策，实现智慧化决策。

截至 2021 年 9 月，阿里巴巴达摩院自主研发的 L4 级自动驾驶产品、末端物流无人车“小蛮驴”已落地全国 22 个省份，累计配送订单超过 100 万单，为 20 多万人次送过快递。“小蛮驴”具有类似人类的认知决策能力，可在复杂的终端场景中自如行驶，稳妥避障，顺滑处理转弯、急停、会车、倒车等情况，自动驾驶率达 99.9999%。“小蛮驴”只需要 0.01 秒就能识别出数百个行人和车辆的行动意图，在发生危险时，只需要 0.1 秒就可以做出决策并发出控制指令。

“小蛮驴”是阿里巴巴为“最后三公里”研发的自动驾驶产品，服务于快递、外卖，满足生鲜农产品及各类商品的即时配送需求。自 2020 年 9 月“小蛮驴”问世后，达摩院与菜鸟合作，率先针对快递配送形成服务闭环，可以将高校、社区、园区的快递按用户预约时间送货到楼。未来的数智化配送值得被期待。

第三节　乡村振兴背景下农村互联网金融的发展

一、数智普惠金融与农业数智化的发展

发展数智普惠金融是实现现代化农业农村振兴的一个重要支撑，是实现全体人民共同富裕的必然要求。数智普惠金融对促进农村地区减贫、助力乡村振兴与农业振兴，推进共同富裕具有根本性、筑底性的作用。

（一）数智普惠金融筑牢农业发展基础

数智化时代的农业发展离不开数智化的基础设施建设。农业发展的基础要筑牢，靠的是全局统筹，以实现实际生产效率的提升，需要通过推广集约化项目着力实现降本增效。其中数智化的新型基础设施既包括地面和空间的网络和广电设施、高效能的农资农具和物流、仓储等设施配备，又包括乡村治理机制、人才体系等软性机制。其中金融服务是激活农业农村发展的重要支柱之一。

比如，运用数智技术搭建农业综合金融服务平台，建立基于企业“主体信用”、交易“数据信用”的多方互信机制，有效缓解银行和农户之间信息不对称的问题，

提高金融资源配置效率，并进一步支持数智普惠金融的可持续发展。如广西壮族自治区农村信用社联合社结合移动互联网、场景金融的日益普及，各行业单位在互联网、线上化、产品需求多样性等方面提出更高要求的实际情况，依托自身强大的金融科技能力，创新研发并推出了赋能型场景金融产品——“桂盛市民云”。该产品赋能行业单位，助推产业智能化、数智化普及，促进互联网、大数据、人工智能等新技术与实体经济、政府治理、民生服务深度融合，同时积累了大量有效的行业场景数据及其关联金融数据，其中就包括农业普惠金融场景的落地和实施。“桂盛市民云”在推动广西数字经济、数智政府、数智社会建设方面成效显著。截至 2021 年 9 月末，“桂盛市民云”服务覆盖全区 91 个县市，惠及学校、企业、政府机关、交通、医疗、农业等行业客户 383 家，真正实现了数智普惠金融实际助农，筑牢当地农业发展基础。

这样以数智普惠金融来助力“三农”问题的案例并不鲜见。具体而言，数智普惠金融通过提高金融服务可得性、提高农村人均收入以及优化家庭资产配置三大抓手来助农惠农。

第一，数智普惠金融增加了金融服务的可得性。由于基础设施、相关科技知识普及的落后等原因，我国农村地区的农户群体仍然是数智时代最主要的“边缘群体”，移动互联时代的红利和便利并没有完全覆盖到他们，城乡之间的“数字鸿沟”客观存在。同时，金融风险的客观存在性并未因数智技术应用而受到影响，农民群体在金融知识方面广泛存在欠缺，对金融及市场风险识别的能力十分有限，因而易陷入电信网络诈骗的陷阱之中，“数字鸿沟”也成为阻碍农民公平参与数字社会生活的障碍。

而主要服务农村地区农户、农业企业的金融机构，包括乡镇级的农商银行、农村信用合作社、村镇级的银行等，受资产规模偏小、经营范围狭窄、市场环境多变等客观条件的限制，导致农村地区现行的农业商业化运营模式、农业相关金融产品及相关衍生品、风控管理等指标的数智化、智能化、自动化程度不足。

普惠金融从四个方面降低了金融机构与乡村企业金融交易的成本：单位获客成本、前期风险评估成本、运营成本和资金成本。信息技术和互联网的发展正在深刻地改变农村地区的农业从业群体获取金融服务的方式，银企之间可以远程完成金融交易，从而有效地降低金融机构的获客成本，提高效率，改变金融的服务边界。数智普惠金融通过构建以大数据分析技术为基础的数字信用体系来减少信息不对称，简化审核流程，降低风险评估成本，使得金融机构敢贷、愿贷。同时，精准的数智化风控能够有效匹配企业的潜在风险和借款利率，从而降低资金成本。另外，数智普惠金融具有门槛低、覆盖面广的特点，能够有效纾解农村地区农业产业化发展过程中面临的数字鸿沟及金融产品数量少、覆盖面窄等问题，从而为农业群体提升金融服务可得性，帮助农户利用大量资金集约化生产，打造品牌效应，降低企业运营成本。

第二，数智普惠金融提高了农村人均收入。农村农业人口收入主要以农业产品经营性收入为主。农村居民人均可支配收入早在 2019 年就突破了 1.6 万元，提前一年实现了比 2010 年翻一番的目标，农村地区居民收入增速连续 10 年高于城镇居民，城乡居民收入差距持续缩小，由 2015 年的 2.73 ： 1 缩小到 2019 年的 2.64 ： 1。究其原因，一方面是国家落实了种地补助，如对玉米、大豆种植者提供的生产补助，对稻谷的补助，并出台了稻麦最低托市价；另一方面，通过实施数智普惠金融政策，农民手中资金的流动加速，农民有充足的资金进行优良选种，打造绿色品牌，并进行集约化、标准化生产，提高绿色农产品在总量中的供给比例，从而提高农产品附加值，为农民打开增收、创收的途径，提高农村人均收入。

第三，数智普惠金融优化农户家庭资产配置。受到天气、虫害等不可抗力因素，以及外部市场供求因素、供应链水平波动的影响，农业收入的主体、农村小微企业和个体农户的现金流来源极不稳定。加上中国小农经济的基本特点，储蓄率居高不下，用于投资扩大固定资产和流动资产的资金比例较低，在家庭资产配置上以现金和存款为主，风险资产的投资参与率和相关配置比例很低，且对于金融产品接受程度较低，风险规避意识强烈。另外，农村家庭资产中用于投保健康保险等险种的资金比例较低，家庭整体资金风险敞口大，资产配置不合理。数智普惠金融通过扩大农村家庭财产性资金收入来源、提高金融知识素养，能够有效改善农村家庭资产配置比例，优化农户家庭风险抵抗系数。

（二）数智普惠金融助力农业振兴

2021 年中央一号文件继续提出重点发展农业，推动乡村振兴，巩固脱贫助农工作，并支持生猪、牛羊养殖产业的发展，在农业方面出台了多个惠农政策，并增发了200亿元的一次性农业补助。在疫情的冲击下，猪养殖、禽养殖、鲜蔬等细分领域都急需复产，均存在较大的资金压力。中国银行前行长李礼辉指出，面对疫情，我们更应该加速数智金融和普惠金融建设，数智金融对疫情后农业振兴的重要性可见一斑。长期来看，数智金融也是实现农业振兴百年大计的最优解。

第一，数智普惠金融有助于缓解农业经济发展的资金需求。以生猪养殖业为例，在疫情最为严重的时期，非洲猪瘟爆发，处于补栏关键期的生猪养殖面临的最大问题就是要尽快恢复产能，加大管理费用和科研投入。同时，选种、育种又进一步减少了生猪出栏量，加上购销两淡的市场，生猪养殖产业面临较大的资金压力。对中小养殖场而言更是如此。为实现止损保收，企业融资问题亟待解决。数智普惠金融为生猪养殖业融资提供了解决方案。例如，百信银行陆续推出的养殖贷、供货贷、银税贷等系列数字普惠金融产品，充分发挥了自身金融科技优势，累计获得转贷款超过20亿元，为全国近千个生猪养殖户和供应链小微企业提供了信贷资金支持。在数智普惠金融助力下，农村中小微企业和农户有机会接触到多元化的金融普惠产品，拓宽了资金渠道，掌握金融知识，从而更有效地缓解农业经济发展对于资金的需求。

第二，数智普惠金融提高了农业金融服务的可触及性。伴随互联网和大数据技术的飞速发展，普惠金融逐步实现了从传统向数智化的跨越式发展。互联网、云计算、大数据等金融科技，为以“实时响应”和“智能计算”为特征的普惠金融数智化变革提供了全新的场景化、生态式解决方案。数智普惠金融带来的金融参与方式变革为中国大大小小的城市与乡村增加了新的金融和经济方式，启蒙了相当一部分地区农户对于金融服务业务的认识，并以更低的门槛吸引了相当多的农户参与到普惠金融所构筑的农业金融服务业务中，《中国普惠金融指标分析报告（2020年）》显示，金融精准扶贫贷款累计支持超9000万人次，农户生产经营贷款保持增长，农村地区电子支付普及率快速提升。因而，数智普惠金融有效提高了农业金融服务的可得性。

第三，数智普惠金融增强农业贷款的便捷性。互联网技术的运用是普惠金融发展的催化剂，使传统普惠金融的目标更快得到实现。传统普惠金融意在覆盖到传统金融所不愿意服务的人群，使这部分人得到与他人同等的存储、贷款、个人理财、保险等金融服务的机会。数智普惠金融的目标人群则多是低收入者、偏远地区人群及众多小微企业。互联网技术派生出的众多互联网金融模式拉近了金融机构与小微企业的距离，在服务成本、运转效率、场景模式等众多方面解决了这一问题，帮助金融边缘人群享受到全面的金融服务。数智普惠金融的商业模式与互联网技术相结合，具有低成本、高效率的特点，而数智普惠金融则在互联网技术的助力加持下，使服务更便捷、更高效，并能以更低成本覆盖更多客户。

（三）数智普惠金融助力共同富裕

共同富裕一直是党和国家的奋斗目标。随着时代发展，人类的信息化水平不断提升，推进共同富裕的抓手也应当与时俱进。而数智普惠金融正是实现共同富裕的重要助推器之一。

第一，通过渗漏效应，以先富帮后富的形式实现共同富裕。普惠性的现代金融体系，有助于大力推动普惠金融高质量发展，助力实现全体人民共同富裕。对于农户中的先富群体，数智化金融服务平台拉近了他们和金融机构之间的距离，精准的数字风控降低了信息不对称，使银行敢贷、愿贷，这使得先富群体能够更方便地得到前期的资金融通，帮助他们扩大生产规模，提高抗风险能力。先富群体主要通过两种渗漏途径来带动后富群体。首先，先富群体能够不断扩大生产规模以刺激对劳动力的需求。这种需求贯穿一、二、三产业，从而形成完善的农业经济供应链，在供给侧制造新的就业机会，有力拉动地区农业经济增长，实现地区共同富裕。其次，通过数智普惠金融解决农业融资问题能够在当地起到带动和标杆作用，从而扩大数智普惠金融的知名度和接受度，并进一步推动数智普惠金融惠农的作用，实现地区共同富裕。

第二，优化发展格局，推动包容性增长。乡村振兴战略中的产业兴旺是乡村振兴的重中之重，也是优化发展格局的根本方法。产业兴旺立足于产业规模之上，产业规模的形成与产业融合密不可分。实现产业融合要求具备完备的产业链条，不仅要包含水稻的种植，还需要把加工业和服务业融合进来。除此之外，产业兴旺依赖于稳定、可持续的市场需求，如果市场需求不稳定，规模效应反而会给农户带来更大的负向收益。产业兴旺了，农民的收入就能有所提升，农民的生活质量就得到了保障。而以上要素都离不开金融的支持，但传统的金融服务往往和农业产业较为疏远，急需深化农村金融供给侧改革，以数智驱动的金融创新服务去匹配农业产业发展的金融需求。

以深耕农资行业的时代农信为例，其针对整个农业链条上的痛点提出解决方案。上游农户缺乏稳定的供销渠道和终端的消费数据，导致供应链响应速度缓慢，易受“蛛网模型”困扰。此外，缺乏有力的营销渠道导致上游农户新品推广的速度和效力不强，产品附加值提升缓慢。对于县级经销商而言，由于其采购渠道较为单一，导致其面临的账期相对冗长，融资优势下降。对终端企业来说，价格透明度不高、过高的资金占用降低流动性、缺乏售后保障都是其面临的市场痛点。深圳时代农信科技有限公司（以下简称“时代农信”）通过供应链集采和平台自营产品来实现供应链整合，降低上下游采购成本，提升整体利润空间。在供应链集采方面，时代农信通过整合上游供应商资源来稳定货源，并吸引多品类厂家在线交易入驻。在提供平台自营产品上，时代农信聚焦核心品类定制，以销定产实现供应链反向机制。此外，时代农信还联合权威机构，结合平台交易可信大数据及独立运营体系，搭建行业认可的线上、线下风控体系及模型建设，以平台生态中的中小企业为服务对象，采用去中心化模式为客户提供高效的产融服务方案。

二、乡村振兴引领农村金融新需求

近年来，我国持续加大强农、惠农、富农政策力度，扎实推进农业现代化和新农村建设，农业农村发展取得了重要进展。随着城镇化发展、土地制度改革、农村产业变迁、互联网电商平台的发展，农村经济社会结构变化已经引起农村金融服务需求的极大变化。党的十九大首次明确提出实施乡村振兴战略作为未来我国“三农”工作的总抓手。乡村振兴战略以城乡融合发展为目标，不只着眼于农村经济建设，还要促进农村政治建设、文化建设、社会建设、生态文明建设和党的建设，使农业农村现代化与整个国家现代化保持同步。这为金融改革创新助力乡村振兴指明了方向，提出了更高要求。

在乡村振兴战略下，农村金融需求从单打一的小额、短期信用贷款，逐渐向包括农业保险、融资担保、融资租赁、直接融资、理财服务在内的多元化需求转型。同时，伴随智能手机终端和移动银行的发展、农村金融基础设施的不断完善以及数字征信和支付手段的便利化，农村金融服务供给曲线向下大幅移动，农村金融服务供给成本（风险）显著下降。乡村振兴多元化的农村金融需求呼唤多元化的农村金融服务。

（一）实施乡村振兴战略离不开金融支持

在乡村振兴战略实施过程中，要重塑城乡关系，走城乡融合发展之路，离不开农民、土地和资金三大要素供给。农村基础设施建设的提档升级，农村教育事业的发展，农村劳动力转移就业和农民增收的实现，农村社会保障体系建设的加强，健康乡村建设的推进，农村人居环境的持续改善，以及全民覆盖、普惠共享、城乡一体的基本公共服务体系的逐步健全，无不需要金融提供资金支持。此外，农业生产规模化、现代化以及产业化程度逐年提高，也会大大提升对资金的需求。

因此，乡村振兴战略的实施，离不开金融系统的支持。乡村振兴战略既是金融支持农业供给侧结构性改革的重要内容，又为金融创新支农产品和服务方式指明了方向，提出了更高要求。

（二）农村产业结构变化将引发金融服务结构性升级

实施乡村振兴战略以推进农村供给侧结构性改革为主线，内涵上以产业兴旺为重点。要在确保国家粮食安全的基础上，通过体制改革和机制创新，坚持“质量兴农效益优先、绿色导向”，引导和推动更多资本、技术、人才等要素向农业农村流动，调动广大农民的积极性、创造性，增加农民收入，做大做强高效绿色种养业、农产品加工流通业、休闲农业和乡村旅游业、乡村服务业、乡土特色产业、乡村信息产业。构建现代农业产业体系、生产体系和经营体系“三大支柱”，促进农村第一、第二、第三产业融合发展，使农业农村发展由过度依赖资源消耗、主要满足“量”的需求，向优化产业结构、追求绿色生态可持续、更加注重满足“质”的需求转变。

1. 农村产业结构调整为农村金融需求引领新方向

当前农村产业已从第一产业为主逐渐向第二产业、第三产业发展。推动第一、第二、第三产业融合发展是农村产业发展大趋势。党的十八大以来，中央积极培育农业农村发展新动能，大力推动第一、第二、第三产业融合发展，农村新产业、新业态、新商业模式快速发展，农业产业链条延伸，生产、加工、冷链物流、销售一体化发展。农业与旅游、教育、文化、养老等产业深度融合，生态农业、观光农业、创意农业等项目不断发展，多种形式的农家乐、休闲农庄、特色民宿等农业新业态快速涌现，采摘、垂钓、餐饮住宿、农事体验等新型农业经营活动方兴未艾。今后一定时期内，多元化农村产业融合主体有望获得进一步快速发展。一是要通过农业产业结构调整、产业链延伸、农业新功能开发等发展多类型产业融合方式；二是在发挥合作社、家庭农场基础作用和龙头企业的引领示范作用的基础上，发展行业协会和产业发展联盟，鼓励社会资本投入，培育多元化农村产业融合主体；三是通过股份合作、订单合同等形式，鼓励龙头企业与农户之间构建收益共享、风险共担的利益共同体，创新产业链和利益联结模式。

农村产业变迁带来了新的金融服务需求，也对农村金融服务提出了更高的要求。由于农村经营模式主要分为三层：规模经营的设施农业、标准农业，以家庭农场为代表的实现一定规模化的新型农业经营主体，传统的小农生产方式。因此，简单地把“三农”作为一类服务对象，要求所有的金融机构为“三农”提供同样的金融服务并不可取，应根据需求主体分层提供不同的金融服务。对于公司化和规模化的新型农业经营主体，农村金融机构要丰富金融产品、改善金融服务、提高资产质量；对于传统的小农户，金融服务风险大、成本高，要采取多种政策降低风险和成本，比如政策性金融机构要成为资金批发的机构，和小型金融机构结成合作关系。同时，利用金融科技的优势降低农村金融平均成本和风险水平，降低由于信息不对称以及距离远带来的交易成本；加大贴息力度，加强信用体系建设，支持农民之间的信用互保，强化消费者权益保护。

2. 电商平台等农业产销新形式有利于农村信贷投放

以往农村的消费模式主要依托于传统的线下消费，农民购买生产性资料、生活资料的可选择范围较窄，需求难以得到满足。近年来，随着电子商务的发展，网络消费模式不断改进，降低了商品集散的规模等级和门槛以及仓储成本，提高了流通效率，不仅改变了农村地区由于人口密度低、人员数量有限导致的零售业发展不足的局面，还大大推动了农村商品“走出去”。

在此背景下，各种“金融机构 + 农户 + 电商平台”的合作模式不断涌现，农村金融服务需求和新的业务形式必然有利于涉农信贷资金投入的不断加大。一是形成了一批“生产商 + 批发商 + 农家店 + 农户”的数字平台，打通了工业品下乡、农产品进城的“最后一公里”，农村小额贷款业务由劳动密集型向科技密集型转变，实现了自动授信和自动审批的全流程线上化操作，极大地简化了客户申请使用贷款的流程，集电商、金融、消费、结算于一体的新型农村金融生态圈正在形成。二是农村支付促进农村电商发展。伴随着农村支付平台的推广，“线上支付＋线上交易＋线下取货”模式基本形成。

3. 新型城镇化改变农村金融的需求结构

新型城镇化的建设要求以人为本、量力而行、积极稳妥，通过进一步消化已经转换用途的土地来实现有限的数量扩张，加大力度提升工业化和城镇化的品质，保障随迁子女平等享有受教育权利，完善公共就业创业服务体系，扩大社会保障覆盖面，改善基本医疗卫生条件，拓宽住房保障渠道。

随着我国城镇化的推进，农民向市民的转型加快，需要金融机构提供经营、消费方面的服务和支持。同时，在农业现代化过程中，农村第一、第二、第三产业融合发展，农村产业链延长和价值链提升，也需要农村金融机构加大支持力度。城镇化的发展使得我国农村剩余劳动力可以获得较高的边际劳动收益。农村剩余劳动力就业由农业转变为第二、第三产业，不仅拓宽了农民增收途径、增加了收入，与此同时，随着我国农村剩余劳动力不断转移到城镇，相当一部分农民已脱离农业生产，加入城镇居民生活。随着工资性收入不断上涨，进城务工队伍不断壮大，农民工实现了职业和地域的转移。在当前城镇化不断推进的过程中，农民工市民化、农村空心化、留守儿童、留守老人也逐渐成为热议的话题。部分农村地区由于外出务工人员较多，造成男女比例不均衡，在农村发展现代化农业、工业、第三产业等有一定的阻力。城镇化也显著缩小了农村与城市的差距，改变了农村贫穷、落后的面貌。

伴随城镇化的快速推进，更多的土地开始用于工业化及开发建设，农民工市民化使更多劳动力投入生产运营，改变了许多乡村落后的面貌，农民收入增加，农村公共产品供给增加。总体上看，产业结构多元化、现代农业发展、人口就业结构变化、收入水平提高等，都必然导致传统农村金融市场需求结构发生重大改变。农民资产和收入增长提出综合性金融服务需求。近年来，农民收入水平大幅度提高，农民的生活水平显著提高，这些都改变着个人理财需求。

随着金融理财产品准入门槛的大幅降低，以及手机银行等移动终端的快速发展，“三农”金融服务需求早已突破以信贷为主的存、贷、汇等老三样服务，以理财、证券投资为主的新型金融服务需求已经快速发展起来。随着农村“两权抵押”及“土地流转”制度的不断推进，农民已不是传统意义上贫穷、落后、自给自足的人群，而是拥有土地，并依托土地拥有财产的人群。电子商务的发展改变了农村的生产经营方式、消费模式和文化生活，近年来兴起的淘宝村以爆炸式增长的现象是农村新时代变革的最好印证。伴随电子商务的到来，还有近年来不断发展的金融科技手段，如支付宝、商业银行应用程序等。农村地区移动互联用户规模不断扩大。以移动互联为基础的金融服务走向深入，银行、证券、保险服务半径扩大，农村居民有更多享受服务的机会。这些都在很大程度上改变了农户的消费、支付方式，也使农民群体对金融的理解不断加深，相应地产生了投资的理念和管控风险的需求，对理财产品的需求也应运而生。

4. 新型主体、新型抵押担保模式考验风险定价能力

与传统小农经济融资需求不同，新型农业经营主体既全面继承传统农业的“弱质基因”，又不断向现代化农业产业经营主体演进，生产经营出现新模式，融资需求亦呈现新特征。但由于目前社会化中介服务不健全，新型主体在财产评估、登记交易以及处置变现环节受到双重约束，严重阻碍金融资源的客观投入。农村融资担保平台尚未构筑完成，担保中介机构数量少、规模小、运作不规范，整体风险抵御能力偏低。同时农村征信体系不健全，信息处于零散、分割状态，信用评级缺乏公平性和公开性，频繁使用非市场型增信手段，这些都对农村金融机构的风险定价能力提出了更高要求。此外，农村产权交易和退出机制欠缺，抵押物的再流通和交易相对困难，农村产权市场发育的长期性和复杂性也必然带来金融机构风险定价能力培育的长期性和复杂性。

5. 城乡融合、产业融合发展考验交叉创新性业务能力

乡村振兴战略强调要素在城乡之间的双向流动，鼓励第一、第二、第三产业融合发展，社会资本到农村发展适合企业化经营的现代种养、农业服务、农产品加工、休闲旅游养老等产业。这必然带来土地等相关权利和各类资本的跨区域、跨领域流动，经营主体的业务范围也必将突破传统的农村种养殖，社会资本和农民、涉农企业之间将形成新的利益联结机制。因此，在实践中，必然对涉农金融机构的产品创新提出了更高的要求。例如，利用集体建设用地建设租赁用房，既可以使用传统的土地使用权和住房所有权抵押贷款的方式加以支持，又可以开发REIT（房地产信托投资基金）等证券化产品在交易所募集资金。

落实农村金融监管的“最后一公里”。监管部门实施农村金融差异化监管，

在涉农不良贷款率容忍度、信贷人员“尽职免责”、金融机构产品创新和审批权限适当下沉等方面均出台了指导意见。在新形势下，如何落实这些监管措施，需要在金融监管技术和制度、金融机构内控要求等方面作出具体安排。

总之，农村经济金融需求和供给两端的变化，正在系统性地改变传统农村金融的全局面貌。在传统农村金融难题（主要是高成本、高风险导致的农村金融覆盖率不高和覆盖深度不够）有望得到根本解决的同时，新的问题也随之产生，农村金融市场的主要矛盾发生根本改变。

参考文献

[1] 江世银，冯瑞莹，朱廷菁，等 . 金融科技在乡村振兴中的应用探索 [J]. 金融理论探索，2022（02）：72–80.

[2] 闫鹏涛，孙纪阳 .“数智乡村”是数字乡村的升级版和发力点——访“数智乡村”公共服务平台总规划师刘海铭 [J]. 商业文化，2022（02）：8–9，7.

[3] 杨海昌，张凤华，庞玮，等 . 乡村振兴战略背景下大学生创新创业人才培养研究 [J]. 中国多媒体与网络教学学报（上旬刊），2022（02）：141–144.

[4] 李晓颖 . 乡村振兴战略下农村新媒体营销人才培养策略探讨 [J]. 教育观察，2022，11（04）：105–107.

[5] 张佳妮，李可心 . 网络直播对农村电子商务发展的应用研究 [J]. 山西农经，2022（02）：56–58

[6] 陈静，方雪梅，朱智琪 . 直播电商助力乡村振兴的研究 [J]. 商场现代化，2022（02）：23–25.

[7] 朱孟玲 . 乡村振兴战略背景下农村电商的发展现状及策略研究 [J]. 商展经济，2022（02）：50–52.

[8] 陈会玲，杨云箐，王冠宁，等 . 乡村振兴战略下农村电子商务的发展前景与策略 [J]. 黑龙江粮食，2022（01）：38–40.

[9] 陆剑 . 乡村振兴战略下“短视频 + 直播”电子商务教学初探 [J]. 中国传媒科技，2022（01）：122–124.

[10] 张伟冰，庞宇，陆汝成 . 乡村振兴战略背景下乡村发展思路研究 [J]. 山西农经，2022（01）：15–17，20.

[11] 陈莹 . 农村电商直播助力乡村振兴发展初探 [J]. 产业创新研究，2022（01）：39–41.

[12] 曹明丽 . 乡村振兴：让农业更强、农村更美、农民更富 [J]. 唯实，2022（01）：35–37.

[13] 李丹阳，邓欣倩，彭晶，等 . 乡村振兴背景下金寨县农村电商发展对策研究 [J]. 南方农机，2022，53（01）：65–68.

[14] 邵文佳 . 乡村振兴战略背景下农村电商的发展现状与路径 [J]. 市场周刊，2022，35（01）：96–97，138.

[15] 王刚 . 乡村振兴背景下数字农业发展路径研究 [J]. 南方农机，2021，52（24）：96–98.

[16] 黄璐，彭钟琴 . 乡村振兴战略下农产品电商直播的策略研究 [J]. 智慧农业导刊，2021，1（22）：98–101.

[17] 唐惠敏，赵薇 . 电商赋能乡村振兴：内在逻辑、模式选择与发展创新 [J]. 黑龙江工业学院学报（综合版），2021，21（12）：101–107.

[18] 王艳玲 . 农村电商物流现状及服务优化策略 [J]. 上海商业，2021（12）：52–53.

[19] 张碧玉 . 农村电子商务发展的路径 [J]. 商业文化，2021（35）：77–79.

[20] 数智赋能乡村振兴！江西数字农业农村论坛在南昌举行 [J]. 老区建设，2021（23）：97.

[21] 王小兵，蔡萍，王曼维，等 . 全国农村电商发展成就、现状特点、问题与对策建议 [J]. 农村工作通讯，2021（24）：57–60.

[22] 覃爱华，赵艺，黄龙，等 . 农村电商高质量发展困境及对策 [J]. 合作经济与科技，2021（24）：92–93.

[23] 张宗福，钟家祺 . 农村电商的 O2O 模式研究 [J]. 乡村科技，2021，12（31）：50–52.

[24] 伍聪 . 电子商务发展与乡村振兴战略：以西藏地区为例 [M]. 北京：中国人民大学出版社，国家发展与战略丛书，2021，10.133.

[25] 王萍，杨延钧，彭宇，等 . 数智赋能：乡村振兴战略背景下支教模式的创新 [J]. 智慧农业导刊，2021，1（09）：58–63.

[26] 陈平 . 数字引擎夯实乡村产业基础 [J]. 中国商界，2021（06）：72–76.

[27] 徐旭初 . 略论数字乡村发展十大趋势 [J]. 国家治理，2021（20）：7–11.

[28] 数字化赋能高质量乡村振兴大有可为 [J]. 农业工程技术，2021，41（06）：20–21.
[29] 文丹枫，徐小波 . 再战农村电商 [M]. 北京：人民邮电出版社，2016.
[30] 鲁书玲 . 移动金融模式与创新 [M]. 北京：人民邮电出版社，2015.